JN289939

いつでも、だれでも、なんにでも使える！

考え・書き・話す「3つ」の魔法

野口吉昭

GENTOSHA

はじめに

「どうすれば、使えるビジネススキルが身につきますか？」

わが社、株式会社ＨＲインスティテュートでは年間数千人の方々に、コミュニケーションやプレゼンテーションの基本的なビジネス研修を実施していますが、この質問が一番多いといっても過言ではないでしょう。

ビジネススキルといってもたくさんありますが、基本的には**「考え、書き、話す」能力が一番重要です**。そう、基本の基《キ》です。

コンサルタントもしかり。クライアントの経営課題、事業課題を分析し、業績が上がるようにアドバイスをしますが、「考え、書き、話す」能力がない人は、クライアントへ自分たちの分析結果や戦略仮説などを上手に伝えることができない。それではコンサルタント失格！　です。

一方、すでに**「考え、書き、話す」能力を持っている人は成長が早く、実績をメキメキと、専門能力をグングンと上げていきます。**

では、どうすれば「考え、書き、話す」能力が身につくのでしょうか。
その答えは、とても簡単です。

「3つ」という魔法を使えばいいのです。

たとえば、パワフルなプレゼンテーションが必要なとき、ポイントをまとめて「3つ」で伝えます。そして、優先順位をつければいいのです。「3つ」を基本にプレゼンテーションを構成すると、驚くほど整理され、相手に伝わりやすくなるのです。

そう、「3つ」を使うと、思考の幅が広がります。文章がきれいに見えます。話がわかりやすくなります。本当に、魔法の力が生まれるものなのです。

最近でいうと、オバマ大統領の
「Yes, we can!」
「Change, change, change!」
も「3つ」を意識した勝利戦だといえるでしょう。

本著は、これまで十数万人の方々に対して実施させていただいたコンサルティングや、研修プログラムにて蓄積された**「考え、書き、話す」能力向上のエッセンスを、凝縮して読みやすくまとめています。**

それを「魔法」として、みなさんに**「読んで、知って、使ってほしい！」**と願いを込めて書きました。

この本を運よく手にした方々の「考え、書き、話す」能力が飛躍的に伸びることを、心から祈念させていただきます。

株式会社ＨＲインスティテュート　代表　野口吉昭

第1章
「3つ」の魔法とは何か

第2章
「3つ」を使って考えると、パワーは最大化する

第3章

「3つ」を使って整理すると、問題を解決できる

第4章
「3つ」を使った文章は人の心を動かす

第5章
「3つ」を使ったプレゼンはインパクトが10倍増!

the magics of three

☆

第1章
「3つ」の魔法とは何か

☆―オバマ大統領は国民に「魔法」をかけていた

オバマ大統領が選挙戦で、いつも国民に語りかけていた言葉があります。

「Ｙｅｓ，ｗｅ ｃａｎ！」

一見、シンプルに見えるこの言葉の裏には、民衆の心に訴えかける「魔法」がかけられています。それはなんだと思いますか？

では、単語を分解して解説してみましょう。

「Ｙｅｓ」＝そうです

「ｗｅ」＝私たち

「ｃａｎ」＝できる

この3つの単語に共通しているのは、それぞれがプラスのベクトルを向いているということです。どの単語も非常に前向きなエネルギーを持っています。

そして、さらに大事なことは、小学生でも、英語の苦手な日本人でもわかるくらい、**非常にシンプルな言葉**だということです。

この「Ｙｅｓ，ｗｅ ｃａｎ！」というフレーズを演説でくり返すことで、オバマ大統領の熱い思いが民衆に伝わりました。そして、みんなで唱和することで「自分もオバマ大統領と一緒にアメリカを変えるんだ！」という同志的な共感を得ることができたのです。

かつてのアメリカ大統領にも、Ｊ・Ｆ・ケネディ元大統領のように、オバマ大統領と同じくらいの熱い思いを持っていた人はいたでしょう。ですが、オバマ大統領はその中でもかなり自分の思いを伝えるのがうまい人です。そう、まぎれもなく、オバマ大統領は「３つ」の魔法を使っていたのです。

思いや考えをすべて伝えるために、長々と話すことがいいわけではありません。むしろ、長ければ長いほどいいたいことがわかりにくくなり、メッセージが伝わらない可能性は高くなります。

「シンプル」に表現することは、「わかりやすさ」につながるのです。

残念ながら、日本の政治家にスピーチの上手な人はほとんどいません。「言語明瞭・意味不明がいいんだ」といった竹下登元首相や、「あ〜う〜」で有名だった大平正芳元首相など、国民にはなんのメッセージも伝わらなかったといっていいでしょう。

それに対して、小泉純一郎元首相はメッセージがはっきりしていました。

特に有名なのが、大相撲夏場所千秋楽の表彰式で、ケガをおして優勝した貴乃花にかけた言葉です。

「痛みに耐えてよくがんばった。感動した。おめでとう！」

どうでしょう。オバマ大統領の「Ｙｅｓ，ｗｅ ｃａｎ！」とよく似ていると思いませんか？　ポジティブで、リズミカル。そして、大きく「３つ」のメッセージがありました。

ここにも魔法がひそんでいます。

「痛みに耐えてよくがんばった」

「感動した」

「おめでとう!」

つまり、フレーズが「3つ」から成り立っているということです。この「3つ」のフレーズ、どれも褒め称える言葉ばかり。**前向きなフレーズを「3つ」重ねることで、より強いメッセージとなり、国民の記憶に残る名台詞《めいぜりふ》となったのです。**

☆――「3つ」にはれっきとした意味がある

オバマ大統領の言葉も、小泉元首相の言葉も「3つ」のフレーズで構成されているからこそ、パワフルなメッセージとなって国民の支持を得られたといえるでしょう。

これが2つのフレーズだったら、どうでしょう?

「We can!」

「感動した、おめでとう!」

何か物足りない感じがしませんか？

そう、「3つ」のフレーズだからこそ、より大きなメッセージ性を発揮でき、思いを明確に伝えることができたのです。

両人が意識していたかどうかはわかりませんが、「3つ」という数字には、魔法のパワーがあります。

それは何か？

まず**「優先順位」**。2つのモノを並べても、優先順位の意味は表れにくいのです。一方、3つになると順番が生まれます。3つだからこそ意味が出てきて、人々の記憶に残るのです。

次に**「リズム」**。3つのフレーズは、リズム感を生みます。一、二、三と三拍子ですが、正確にいうと、四拍子になります。「Yes」「we」「can」、「ポンッ」と一拍休みが入る。四拍子になることで、リズム感が出てくるのです。日本の古典芸能である能のお囃子《はやし》も四拍子（楽器も4つ）でリズムを取り、バリ島のガムランやブラジルのサンバも四拍子を4つ合わせた16ビートが基本です。だから人々の心にも伝わりやす

い。リズム感の魔法といっていいでしょう。

そして**「広がり」**。2つではなく、3つにすることで全体としての広がりが生まれるのです。この「広がり」は「余韻」と言い換えることもできます。空間のような余韻が生まれるからこそ、相手に伝わりやすく、広がりが生まれるのです。

たとえば、オバマ大統領のもう1つのキャッチフレーズである「Change!」。

1つだけだとインパクトに欠けますが、これを、

「Change, change, change!」

と3回くり返したら、どうでしょう。
「変えるんだ、変わるんだ、きっと変わる！」というオバマ大統領の能動的なメッセージが、よりパワフルに伝わってきませんか？

このように「3つ」という数字を意識してみると、あちこちで使われていることがわかります。そして、強烈なインパクトを与えているのです。

☆━吉野家も魔法の「3つ」を使っている

吉野家といえば、すぐに思い浮かぶのが「うまい、やすい、はやい」という3つの言葉が並ぶキャッチフレーズです。ところが、このキャッチフレーズ、以前は「はやい、うまい、やすい」の順番でした。

東京日本橋にあった魚市場で働く人たちを相手に牛丼を売り出したのが始まりで、創業は１８９９（明治32）年。関東大震災以降は魚市場が築地に移動したことにともない、吉野家も築地に移りました。食べに来るのは市場で働く、せっかちで忙しい人たちばかり。しかも味にうるさいときている。そこで、当時は「はやい、うまい、やすい」がうたい文句で、優先順位は「はやい」が一番でした。

それが魚河岸から飛び出し、「はやい、うまい、やすい」をキャッチフレーズに、あっという間に全国に広がったのです。１９７０年に3店舗、売上3億円だったものが、９年後には２７２店舗、売上２５０億円という規模にまで成長しました。

けれども、急激な店舗拡大で経営に無理が生じ、追い打ちをかけるようにアメリカ産牛肉の価格が高騰。やむを得ず、牛丼の肉質を落とし、値上げを断行しました。当然のように人気はガタ落ちし、１９８０年には倒産の憂き目にあいます。その後、セゾングループが資本参加し、社員数を半分以下に削減して再スタート。そのときにキャッチフレーズを「はやい、うまい、やすい」から「うまい、やすい、はやい」へと変更したのです。

これは単にキャッチフレーズを変えただけではなく、企業のコンセプトを変えたということです。これまでの優先順位は「はやい」でした。それを「うまい」に変えることで、肉質を落とした過去を反省し、「これからは『うまい』を最優先にする」と宣言したわけです。

「たかが牛丼、されど牛丼」です。

吉野家は、シンプルでわかりやすいキャッチフレーズに自社の企業理念を盛り込み、再び、顧客の信頼を勝ち得たのです。

さらに2004年にアメリカ産牛肉がBSE問題で輸入停止になったときにも、あくまで味にこだわり、牛丼中止を決断。オーストラリア産牛肉に変更するという道もあったはずですが、過去の苦い経験から「アメリカ産牛肉でなければ、吉野家の味は出せない」と判断したのでしょう。

吉野家ファンともいうべき、コアな顧客を得ているのは、「3つ」のキャッチフレーズでインパクトを与えるとともに、「3つ」のコンセプトを徹底しているからなのです。

☆―CoCo壱番屋にみる「ニコ・キビ・ハキ」の威力

「カレーならココ一番や！」をキャッチフレーズに全国展開するカレーハウスCoCo壱番屋。ご飯の量、辛さ、トッピングを選べるのがポイントで、「今日も元気だ、カレーがうまい‼」というゲームソフトまで登場するほどの人気ぶり。その秘密は、どこにあるのでしょうか。

愛知県一宮市にある本社・壱番屋の経営方針を見てみましょう。

「社是《しゃぜ》」：ニコニコ・キビキビ・ハキハキ

おや？　ここにも「3つ」の言葉のキャッチフレーズが登場しますね。

〝ニコニコ・キビキビ・ハキハキ〟は、読んで字のごとし。いつもニコニコと笑顔で、

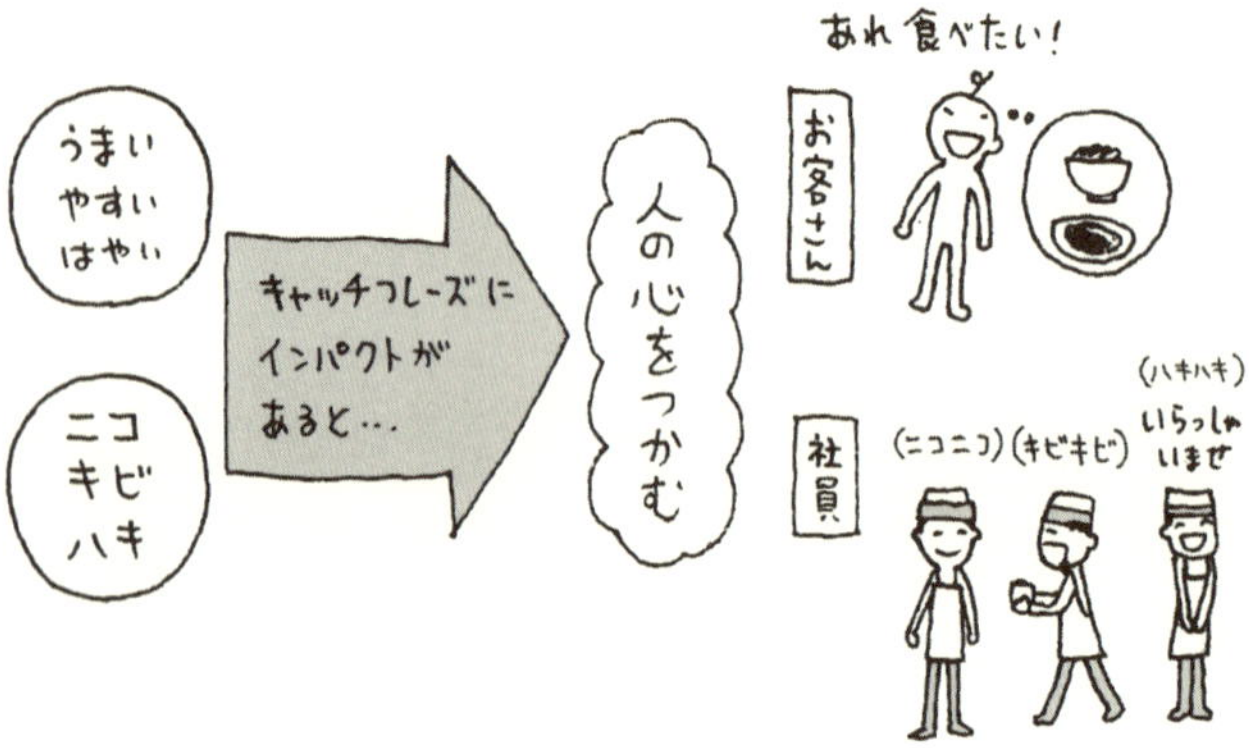

キビキビと働き、ハキハキと接客する。これを略して〝ニコ・キビ・ハキ〟といいます。壱番屋がめざす接客態度の目標を「3つ」のフレーズで、わかりやすく表現していますね。語感もよく、リズム感もあって、覚えやすいのが特徴的です。

ＣｏＣｏ壱番屋では、この3つのコンセプトを実践するために、一般的なフランチャイズシステムとは違う「ブルームシステム」を採用しています。これは店舗オーナーとして独立をめざす社員を対象にしたもので、ＣｏＣｏ壱番屋独自の教育システムです。

まず店舗での接客や調理などを覚えることから始まり、それが身につくと段階的に店長に必要な人事・経理などの店舗運営に関する知識を学んでいきます。そして、経営者としての能力を習得したと認められた社員のみが、独立資格を取得することができるのです。まさに現代版〝のれん分け制度〟といえるでしょう。

まさに昔でいう〝丁稚奉公《でっちぼうこう》〟と同じ。修業を積んで「一人前になった」と親方から認められなければ、独立することができないのです。厳しいけれども、理にかなったやり方だとは思いませんか。

商売の基本をしっかり身につけていなければ、独立開業しても安定した経営ができないのは、火を見るよりも明らかです。そして、その根底にあるのが〝社是〟である「ニコ・キビ・ハキ」というわけです。

非常にわかりやすい「3つ」のフレーズで、社員に客商売の基本を伝えています。これがCoCo壱番屋の原点であり、全国展開するまでに成長した秘訣だといえます。

☆―古代から「3つ」の魔法が活かされていた

中国の前漢時代（紀元前202～後8年）に書かれた哲学書『准南子《えなんじ》』に、こんな言葉が記されています。

「一生二、二生三、三生万物」

直訳すると「1から2が生じ、2から3が生じ、3からあらゆるもの（万物）が生まれる」という意味になります。

なぜ、「3からあらゆるものが生まれる」ことになるのでしょうか。

これを数式で考えてみましょう。

1＝1、2＝1＋1、3＝2＋1

ここまでは「1から2が生じ、2から3が生じる」に当たりますね。次の「3からあらゆるものが生まれる」を数式で表してみましょう。考えてみれば当たり前ではありますが……。

4＝3＋1、5＝3＋2、6＝3＋3、7＝（3＋3）＋1、8＝（3＋3）＋2、9＝（3＋3）＋3、10＝（3＋3＋3）＋1、11＝（3＋3＋3）＋2、12＝（3＋3＋3）＋3……

「3」が重要な数字になっていることがわかるでしょう。

（参考：http://www.netlaputa.ne.jp/~tokyo3/3ninyorebamonjunochie.html）

いまから2000年以上も前に、「3」や「3つ」が持つ魔法のようなパワーは認識されていたのです。

ほかにも、上中下、大中小、松竹梅、猪鹿蝶《イノシカチョウ》、前中後、赤青黄、晴曇雨……等々、私たちの身の回りには「3つ」に関わる言葉が満ちあふれています。

☆─佐賀弁特有の「3つ」の使い方とは

冒頭に紹介したオバマ大統領の「Yes, we can!」では、「3つ」のフレーズがいかに人々の心に響いたかを紹介しましたが、日本のある地方では、ごく普通の会話の中で、「3つ」の言葉をくり返して使っています。

それは佐賀県の主に鍋島藩だった地域で使われている方言で、独特な副詞の使い方をしています。たとえば、こんな具合です。

「雨がざあざあ降っている」

←

「雨のざあざあざあ（で）降りよー」

このように佐賀の一部では、擬声語を3回くり返すという習慣があります。佐賀の人は「雨はザーザーザーと降り、鐘はゴンゴンゴンと鳴り、風はヒューヒューヒューと吹き……」と表現するのです。

冗談だと思ったら、佐賀県出身の人に聞いてみてください。実際に簡単な調査をしたところ、少なくとも4人に1人は、このような表現を使うということでした。

ちなみに、佐賀市の中心部にある佐賀市立図書館や佐賀県立女性センターの建っているエリアを「どんどんどんの森」とネーミングしています。これは一般公募によって名づけられたもので、佐賀弁の三拍子の言い回しを見事に表現しています。その名称には、「ドンドンドン」という太鼓の音に、「どんどんどんと突き進む」という意味を重ね合わせています。つまり、佐賀市の発展と市民の憩いの場所を象徴するものとして「どんどんどん」という擬音語が使われているというわけです。

佐賀弁のこうした三連の擬声語の使い方が、どういう由来のものかはわかりませんが、一般的な二連の使い方と比べると、かなりのインパクトがあります。

「どんどんの森」では子どもっぽく、力強さを感じませんが、「どんどんどんの森」

だとリズム感があり、非常にパワフルな感じがします。
（参考：http://www.bunbun.ne.jp/~kuri2/saga/001.html）

オバマ大統領が「Ｃｈａｎｇｅ，ｃｈａｎｇｅ，ｃｈａｎｇｅ！」と3回フレーズをくり返すことで、人々の心に大きなインパクトを与えたように、「3つ」には不思議なパワーがあるのです。

☆―「3つ」の魔法を活かせば、話し上手になれる

アメリカのオバマ大統領とまではいかなくても、日本に演説のうまい政治家がいないのはなぜなのでしょう？

「3つ」の魔法を活用する以前の問題として、日本人にはそもそも話し上手な人が少

ないようです。

その要因はいくつか考えられますが、まず「話の主語がはっきりしない」「結論がよくわからない」ということが挙げられます。

さらに、全体的に情緒的で、状況報告型なのも特徴の1つです。

これは「和を以《もっ》て貴しとなす」に代表される仲間意識の強さ、村八分にならないためには自分の意見を明確にはいわない曖昧《あいまい》な文化を大切にしてきたことが背景にあるのでしょう。互いに傷つけ合わないように、議論をせず、和合一致の精神でやってきた。それは農耕文化や島国であることなども影響していると思われます。

学校教育でもディスカッションの授業は少なく、みんなが同じであることをよしとする傾向があります。こうした団結力は1970年代前半までの高度経済成長期には大きなパワーを発揮しました。

けれども、**現在のようにグローバル化し、多様化した現代社会では、和合一致よりも独創性が求められます。そのためには自分の意見・考えが伝わるようにし、ディスカッションできる能力が必要です。**

実際に話し上手な人には明確な主張があって、それをロジカルに説明できます。おそらくディスカッションの経験があって、訓練をしてきた人なのでしょう。

ところが、自分の意見をきちんといえる日本人は、ごくわずか。私が仕事で出会うビジネスパーソンの中でも、会議の場で自分のいいたいことをわかりやすく説明できる人は、10人に1人という印象です。

でも、心配は無用。**「3つ」という魔法が理解できれば、だれでも話し上手になれるのです。**

☆—話が長い人に「話し上手」はいない

私が仕事で出会う**「できる人」は、例外なく話し上手。話の内容はシンプルで短い**

のが特徴です。ところが、どういうわけか、「長々と話す＝優秀な証拠」だと勘違いしている人がいます。

キューバのカストロ前議長の演説は超人的に長いことで有名ですが、長ければいいというものではありません。何時間も演説をされては、聴衆の集中力も限界を超えてしまいます。いいたいことが相手に伝わらないだけでなく、

「結局、何を話そうとしたんだっけ？」

「何がいいたかったのだろう？」

ということにもなってしまいます。

だいたい話の長い人は、話していくうちにテーマがどんどん変わっていきます。それで話がエンドレスに長くなるのです。

こういう横展開する話し方のことを「キーワード横連鎖型」といいます。おそらく「いるいる、そういう人」とうなずくに違いありません。そういう話し方を再現してみましょう。

【キーワード横連鎖型スピーキングの典型例】

A家の奥さん「この間ね、隣のお嬢さんから梨をいただいたの。とってもみずみずしくておいしいのよ。みずみずしいっていえば、最近みんなお水を買ってるわね。昔はミネラルウォーターなんて売ってなかったのにね。そういえば、なんていったっけ？　エビアンだっけ？　あの水ってフランスとスイスの国境あたりに水源があるのよね。フランスっていえば、チーズがおいしいわね。この前、友だちがほどよく熟成したミモレットっていうチーズを買ってきてくれたんだけど、香りがよくて、意外にみずみずしくておいしかった！　でも、やっぱりみずみずしい梨はおいしいわね」

B家の奥さん「……（結局、梨の話だったの？）」

ひょっとして、あなたもこんな話し方をしているのではありませんか？　思いつくままに話をしてしまう。ついダラダラと話が長くなってしまう。ただの茶飲み話ならかまいませんが、職場や会議、自分をアピールする場で、このような話し方はいただけません。相手に「言語明瞭・意味不明な人」というレッテルを貼られてしまいます。

では、どうすれば話し上手になれるのでしょうか。

そのポイントについて、ある企業の上司と部下の会話を再現して説明します。

☆―下手な報告では何も伝わらない！

日本のビジネスパーソンに「コミュニケーションが得意ですか？」と尋ねると、十中八九「いいえ」という答えが返ってきます。中には「自分でも何を話しているのかわからなくなる」という人もいます。

けれども、仕事で上司に状況を報告することは多々あるはず。話す内容が支離滅裂では困ります。

理路整然と話すにはどうしたらいいのか、事例を挙げて検証してみましょう。

まず、悪い事例から紹介します。

【若手社員K君の上司への報告／悪い例】

上司「K君、その後、A社への先日のコンペの提案はどうなってる?」

K君「はい、この間、訪問したんですけど、なかなかS係長に会えなくて思うように進んでいないんですよ。やはりうちの商品に魅力がない感じがあって、競合他社にやられているんですよね。いつも係長は席にいなくて、忙しいようで。うちの商品の価格も高いという印象を持っているようで、その割には、スペックがどうのこうと……。だから、なかなか思うとおりに事が運んでいないというのが現状なんです」

上司「……（で、結局どうなっているんだ?　どれが事実で、どれが憶測なんだ……?）」

この報告を聞いた上司に、いったい何が伝わったのでしょうか。

キーパーソンはS係長なのか。その係長に会えたのか。どういう話をしたのか。「商品に魅力がない」「価格が高い」……等々は自分の意見なのか、顧客の反応なのか。

競合他社に負けている点はどこなのか。解決策はあるのか。
こうした重要なポイントが、K君の話には出てきません。これでは上司もどう対応し、指示を出したらいいのかわかりません。
そこで、K君に同行していた同僚のO君にもう一度、話を聞いてみました。

【同僚社員O君の上司への報告／良い例】

上司「K君の話を補足してくれないかね？」
O君「はい。先方のキーパーソンであるS係長から直接お話をお聞きしました。まとめますと……。
・現在、先日のコンペの状況ですが、うちのほうが、分が悪い状況です。
・うちのX商品の性能が、競合企業のY商品に比べて、20％ほど精度が低いとS係長から指摘されました。
・ただ、当社なら単価を約15％安くできると説明したところ、スペックがあと10％向上すれば、検討の余地があるとのこと。ですので、いま技術部のH技師と話を詰めているところ

です」

K君とO君の報告事例を紹介しましたが、何が違うと思いますか？

まず、K君の話には主語がなく、事実を話しているのか、憶測でものをいっているのかがわかりません。

さらに話の筋道が通ってなく、何が問題で、解決策はどうするのかという点が実に曖昧です。話では、状況しか伝えていません。

それに対して、O君は**主語も明確だし、何が問題で、原因は何なのか、どういう解決策があるのかも提示しています。**

事実をもとにしっかりと仮説も話しています。

上司への報告で主語がないのは論外として、**問題・原因・解決策の「3つ」を意識しているかどうかが、大きなポイントです。**これは報告だけでなく、あらゆる仕事で必要なことなのです。

☆—「3つ」で話すと確実に伝わる！

ビジネスでも、プライベートでも、話をするときには聞き役の相手がいます。自分では一生懸命話しているつもりでも、その人に内容が伝わらなくては意味がありません。

上司への報告もそうですが、特に会議などでは自分の思いや企画の内容をきちんと伝えることが大切です。

このときにも「3つ」のポイントが重要になります。これを企業メッセージのようなフレーズにまとめると、次のようになります。

「シンプル！　明快！　リズミカル！」

これを自己紹介で実践してみましょう。

【「3つ」を使って自己紹介した事例】

「私の長所は大きく3つあります。

①性格が明るい、②声が大きい、③粘り強い

一方、私の短所は大きく3つあります。

①反省しない、②考える前に話をする、③すぐ動く

つまり、私はいつも前を向いている、過去を振り返らない人間です！」

どうです？　大勢いるパーティや会合などで、30秒で自分をアピールするには、とてもわかりやすい自己紹介だと思いませんか。

実は、この自己紹介にはコンサルタントのノウハウが使われています。

（1）**フォーマット化**：長所、短所、結論の3つに大きくまとめる

（2）**シンプルに話をまとめる**：フォーマット化した3つのカテゴリーごとに、短く特徴を列記する

（3）**凝縮させて本質をつく**：長所、短所をふまえた結論として、自分を強くアピールする

これと同じような使い方をしたのが、前述した小泉元首相の「痛みに耐えてよくがんばった。感動した。おめでとう！」であり、オバマ大統領の「Ｙｅｓ，ｗｅ ｃａｎ！」です。

自己紹介が苦手だという人は、自分の特徴を挙げてフォーマット化し、それを印象づける言葉でまとめてみるといいでしょう。

☆――実りのないディスカッションにはワケがある

私はコンサルタントとして多くのビジネスパーソンとお会いし、ディスカッションをしています。そんなとき、いつも念頭に置いていることがあります。それが**「目的」「定義」「着地点」**の3つです。

これらは、相手に伝えるため、いや、相手に伝わるための大事な要素です。その「3つ」がなければ、相手に自分の考えや気持ちが伝わりません。それぞれ見ていきましょう。

まず「目的」ですが、端的にいえば、**何を伝えたいのか、何をディスカッションしたいのか**ということです。

「このミーティングの目的は何か?」

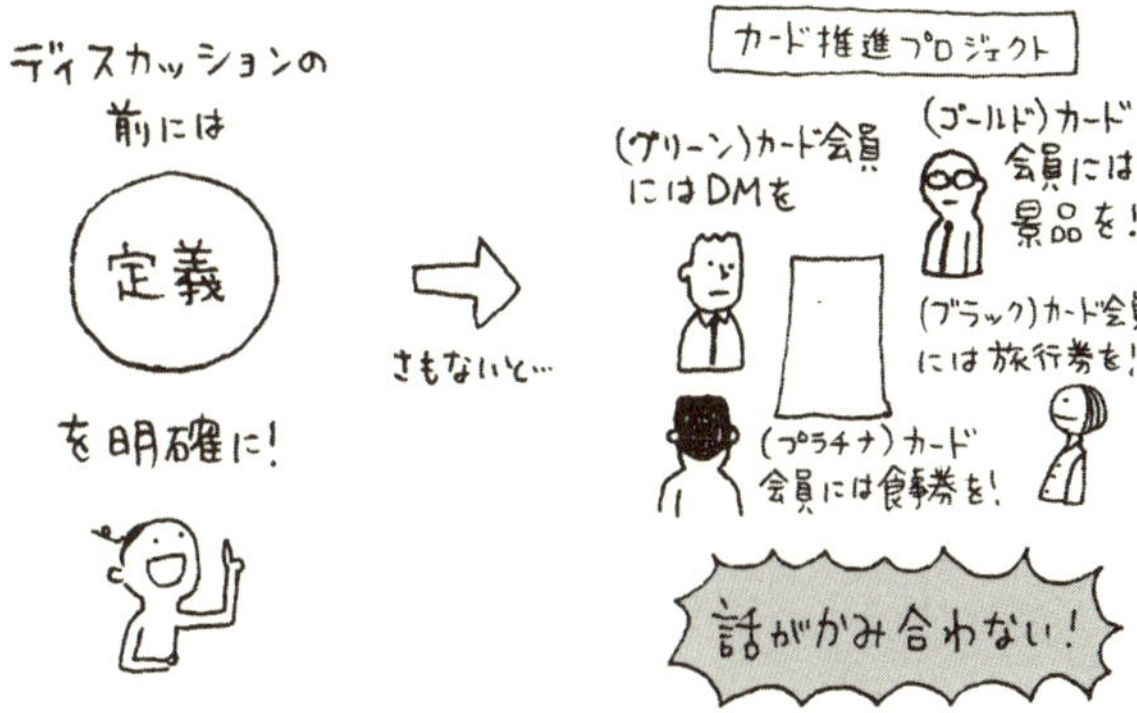
ディスカッションの
前には
定義
を明確に!
さもないと…
カード推進プロジェクト
(グリーン)カード会員
にはDMを
(ゴールド)カード
会員には
景品を!
(ブラック)カード会員
には旅行券を!
(プラチナ)カード
会員には食事券を!
話がかみ合わない!

それをまず最初に、明確にする必要があります。目的のない会議は時間のムダになるだけです。

次に「定義」。これは**言葉の定義**ですね。

たとえば「顧客」といったときに、富裕層を対象にしているのか、中間層を対象にしているのか、お得意様をさしているのか、一度でも購入した人も含めた既存顧客全体をいっているのか、その定義によってディスカッションの中身が変わってくるからです。

これを曖昧にしたままディスカッションをすると、お互いに想定している顧客のイメージが異なっているため、話がかみ合わなくなります。

「定義」は意外と見落とされがちですが、とても大事なことです。具体例を出しましょう。

クレジットカードのアメリカン・エキスプレス（通称：アメックス）には、センチュリオン・カード（通称：ブラック・カード）、プラチナ・カード、ゴールド・カード、グリーン・カードと4種類のカードがあり、それぞれ対象となる顧客へのサービスの考え方が違います。カスタマーセンターの対応内容が変わってくるわけですが、漠然と「顧客」と表現していたら、カスタマーサービスの問題点のディスカッションは前に進みません。

カード会社の顧客については必ずグループ化して、サービス上の課題を分類しなければなりません。年間数千円の会費の顧客と、年間数十万円の会費を払っている顧客では、サービスの質は異なってしかるべきだからです。

また、デパートも、それぞれ売り場の呼び方が違います。

たとえば、三越は「お過ごし場」、伊勢丹は「お買い場」と呼んでいます。この表現の違いによっても、そのデパートの戦略やコンセプトの違いが見えてきますね。

ちなみに三越は日本初の百貨店として登場し、1913（大正2）年の帝劇のパンフレットには「今日は帝劇、明日は三越」という広告コピーが掲載されています。これは百貨店を単に商品を売る場ではなく、人々が着飾って出かけるような晴れの場として定義していたということでしょう。

そして、3つめの「着地点」。私たちは、よく「ランディング」「ランディング・イメージ」と呼んでいます。**ミーティングの着地点をどこに設定するか**で、進行具合が変わってきますから、これはとても重要です。

たとえば、問題点を出し合うことを目的にし、解決策は宿題にするのか、あるいは解決策までディスカッションするのか。そこを明確にしないと、着地点が見つからないままダラダラとミーティングが続くことになってしまいます。

それを回避するには、ミーティングの始まりで着地点を明確にすることです。そうすれば出席者に目標ができ、集中力にも違いが出てくるからです。

☆―「伝わる」ために欠かせないこと

私がコンサルティングをするときに大事にしていることは、相手とのコミュニケーションです。最近は大学でもコミュニケーション力を上げる講座が増えていますが、裏を返せば、それだけ日本人のコミュニケーション能力は低くなっているということでもあります。

日本は「以心伝心」「拈華微笑《ねんげみしょう》」「目は口ほどに物を言う」などという言葉に代表されるように、コミュニケーションの必要性をあまり説いてはきませんでした。

けれども、いまは昔のようにはいきません。家族とも同僚とも友人とも、きちんとコミュニケーションを取る努力をしなければ、自分の思いは伝わりません。相手の気持ちを察する範囲、深さが減退してきているからです。

ましてビジネスの世界では、わかりやすいコミュニケーション能力は必須スキルです。

そもそも、コミュニケーション能力とは何でしょう?

それは「考え、書き、話す」すべてに通じることですが、相手に「**伝わる**」ということです。

「伝える」だけでは不十分なのです。

そして、相手にきちんと「伝わる」ために欠かせないのが、「**自分軸**」「**相手軸**」「**幽体離脱**」の3つのバランスです。

「自分軸」とは**自分の理念やポリシーを持ち、自分の意見をきちんと主張できること**をいいます。

次の「相手軸」は、**相手の立場に立って物事を考えること**です。コンサルタントは常に「相手の問題意識は?」「相手の考え方は?」「相手の能力は?」を客観的に見つめなければならないため、これがなければ、仕事が成り立たないのです。

そして最後の「幽体離脱」。**これは一歩引いて状況判断をしていきながら、自分軸と相手軸のバランスをうまく取り、自分軸と相手軸の全体をマネジメントするということ**です。

たとえば、マザー・テレサ。小柄でしわくちゃな、一見、弱々しそうなおばあちゃんですが、彼女には信仰に裏打ちされた信念がありました。愛と祈り、これがマザー・テレサの自分軸といっていいでしょう。

けれども、自分の信念を押しつけることはしませんでした。相手の立場に立ち、1人ひとりの胸に響く愛のメッセージを贈ったのです。

そして、おそらくマザー・テレサは、自分軸からも相手軸からも距離を置いて物事を見る能力、幽体離脱を自然体で行っていたのではないでしょうか。

彼女は1981年に初来日したときに、次のような言葉を残しています。

「日本人はインドのことよりも、日本のなかで貧しい人々への配慮を優先して考えるべきです。愛はまず手近なところから始まります」

1981年といえば日本は「Japan as No.1」といわれた時代。マザー・テレサが寄付を求めれば、多くのお金が集まったはずです。

けれども、彼女はそんな要求はしませんでした。むしろ、当時の日本のありように心を痛めていたのです。彼女には自分軸と相手軸、そして幽体離脱をバランスよく使う能力が身についていたということでしょう。

さて、話をビジネスの世界に戻します。

コンサルタントはさまざまなノウハウやドゥハウを吸収し、自分のものとしますが、それをクライアントに無理強《じ》いすることはしません。あくまでも相手に寄り添い、クライアントの悩みや問題に接しながらも、一歩離れた距離から客観的に状況を判断し、問題解決の方法を探ります。

つまり、自分軸と相手軸、幽体離脱の3つをバランスよく加減しながら、狭い視野にとらわれているクライアントをたこつぼ状態から引っ張り出し、より高いステージにゼロベースから引き上げていくのです。

この3つを意識して「考え、書き、話す」ことが、説得力のあるコミュニケーションのコツであり、話し上手になるための秘訣でもあります。

☆―作家・宇野千代は究極の聴き上手

一般的に、コンサルタントはプレゼンテーションをする機会が多いため、話し上手でないとなれない、と思われているようですが、**実は相手の話に耳を傾ける聴き上手な面がないと、コンサルティングはうまくいきません。**

自分軸だけにとらわれて相手軸をおろそかにすると、自分だけダッシュして突っ走り、気づいたらだれもついてこなかった、などという笑えない状況に陥ってしまうからです。

普通、聴き上手というと、ただウンウンとうなずくだけという消極的な印象があるかもしれません。

しかし、実際はかなり違います。**気になる相手の言葉をくり返したり、これが本質のメッセージだと思えば大きくうなずいたりします。**上級者は、聴きながらかなり積極的なアプローチをするのです。

その代表的な例として、作家・宇野千代さんの有名な人生相談があります。その著書『生きて行く私 人生相談篇』(毎日新聞社刊)を読むと、相談者の言葉を何度もくり返しています。ほとんどご自身の言葉を使っていません。**注意深く聴き、そして、相談者の話の中から重要なキーワードを拾っているのです。**

これはカウンセリングの手法にも似ていますが、宇野さんは相手軸に沿って言葉をくり返しているようで、実は自分軸で言葉を選んでいます。**相手のどの言葉をピックアップするかについて、自分軸が入ってくるわけです。**そして、**相手に投げ返す。**言葉のキャッチボールをするわけですが、自分軸と相手軸を遠くから眺める幽体離脱の客観性に導かれ、最終的に相談者が悩みから解放されていくのです。

そこには、宇野千代さんの人生経験や哲学が反映されています。自分軸と相手軸、幽体離脱の「3つ」のバランスを取ることで、相談相手の悩みをうまく昇華させているのです。

the magics of three

☆☆

第2章
「3つ」を使って考えると、パワーは最大化する

☆―「3つ」の魔法が思考を変える

第1章では「3つ」という数の不思議なパワーについて書きましたが、第2章では**「3つ」を使った思考法**について紹介します。

これは私がコンサルタントとして仕事をする中で、「3つ」という数字が「成長」「選択」「発想」「融合」という、4種類の思考法に非常に深く関わっていると気づいたからです。

私たちは、ふだん仕事やプライベートで何かを考えたり、決定しなければならなかったりするときに、この4種類の「思考法」を無意識で使っています。しかも、それらの思考法には「3つ」という数字が深く関わっています。

そう、この「3つ」という数字は、「成長」「選択」「発想」「融合」から思考していくうえで重要な役割を担っているのです。これらの思考法を知れば、さまざまな場面で活用でき、より大きなパワーが生まれるはずです。

では、さっそく「3つ」の魔法がひそむ思考法を紹介しましょう。

☆―「成長」するときに必要な「3つ」の魔法

「守・破・離」にみる奥深いナゾ

ビジネスの世界でも、プライベートでも、成長するときには段階があります。企業拡大の成就や習い事の修得など、いろいろな場面で「成長」の度合いに違いがあり、そこには「3つ」が関わってきます。

どんな秘密が隠されているのか見てみましょう。

「守・破・離」という言葉を知っていますか?

これは芸や修業の道を究めるときの順序を表したもので、現代風にいえば「ホップ・

ステップ・ジャンプ」に当たります。つまり、次のような3つの段階を経て、芸や修業の極みに達するということです。

「守」：ひたすら師の教えを守り、くり返す段階
「破」：概念を破って、独創性を養う段階
「離」：自在の境地に至り、師のもとを離れる段階

この「守・破・離」をビジネスの世界に置き換えてみましょう。すると、まさに企業の成長に必要な3つのキーワードとなるのです。

たとえば、私が代表をしているHRインスティテュートのミッションを紹介してみます。

〜主体性を挽き出す〜
自分のため、人のため、人々のため

個人・チーム・組織の可能性を挽き出し、社会を変える
それらを支えることが私たちのミッションです。

このミッションの中にある**「自分のため、人のため、人々のため」は、そのまま「守・破・離」に当てはめることができます。**

社会人になって最初は目の前のことをこなすだけで精一杯、自分のために日々の業務をこなす「守」ですが、仕事に慣れ、後輩ができると、人に教える立場となり、「破」の段階に入ります。

人に教えるというのは自分が習うより大変なことで、そのことによって成長することができ、独創性を養うことになるのです。

そして、自分や人のためになることを続けていくと、その先に人々のためになることをしたいという気持ちが出てきます。これが「離」で、わが社の場合はビジネスの場だけではなく、教育や福祉、ソーシャル活動へとつながっています。

特にわが社ではソーシャル活動を重視していて、社員の自己啓発の意味も兼ねて年

に1回、社員を引き連れてソーシャル・ビジョン・ツアーを実施しています。たとえば、ベトナムに学校を建てて教育支援をしたり、マダガスカルに行って学校や産院に寄付をしたりしています。現地で見聞きしたことをどう活かすかは本人次第ですが、視野が広がり、その後の仕事に活かされることは確かなようです。2009年はカンボジアに全社員で行きます。

会社の基本理念に活かす

さまざまな企業のホームページを見ると、そこには企業理念や行動基準などが紹介されています。それを読むと、その企業の考え方がわかり、興味を引かれます。

そこで、いろいろな会社の企業理念を見比べてみると、いくつかの似通った法則があるのに気づきました。それは、この「守・破・離」に似たキャッチフレーズを使っている企業が多かったということです。

いくつか列記してみましょう。

・（東芝の経営理念）人を大切にします、豊かな価値を創造します、社会に貢献します
・（幻冬舎の基本理念）つくる、知らしめる、売る
・（電通の社会理念）幸せを創る、元気を創る、平和を創る
・（トヨタ自動車の理念）研究開発、モノづくり、社会貢献活動
・（日清食品の企業理念）食足世平、美健賢食、食創為世
・（三菱商事の綱領）所期奉公、処事光明、立業貿易

こうして並べてみると、それぞれの企業の特色がよく表れています。そして、共通しているのが「ホップ・ステップ・ジャンプ」という成長の「3つ」を企業理念か、その一部にしているということです。特に、3つめがとても大きな視点、視野で述べられています。

「3つ」という数字を意識しているかどうかはわかりませんが、3つのフレーズで会社や社員の成長や広がりを表現している企業が多いことは確かです。

つまり、企業としての事業の拡大、あるいは社員の自己成長には、この「守・破・離」の発想が、深い水脈で大いに関わっているということです。

仕事やプライベートに活かす

この「守・破・離」の黄金律は、何も企業理念だけに限定されるものではありません。個人レベルでも活用できます。

たとえば、成長の「3つ」を使って、仕事の目標を考えてみましょう。

まず与えられた仕事を覚える、次に後輩や同僚の手助けをする、そして経験に基づいた知識と独創性によって、新しい企画を考えて会社に提示する。

新入社員のステップアップにとって、必要な目標設定だと思いませんか。

また、プライベートの趣味や習い事にも使えます。油絵教室に通っているのなら、「油絵の基本を身につける、有名な画家の模写をする、自分にしか描けない絵を描く」という目標設定もできます。

このように、**「守・破・離」は目標の達成にも必要不可欠**といっていいでしょう。その過程で、別のアイデアが生まれてくる可能性もあります。なぜなら人間は、経験を積むと、能力がアップして、視野が広がるからです。そして、そこから新しい発想や発見が生まれるのです。

2008年、ノーベル賞を受賞した4人の日本人科学者も、ある日突然、何かをひらめいたわけではありません。毎日、実験や理論の証明をくり返す中でステップアップし、力を蓄えたからこそ、ある日、ジャンプすることができたのです。

☆──「選ぶ」ときに役立つ「3つ」の魔法

「松竹梅」にあらわれる行動経済学とは

仕事でもプライベートでも、私たちは常に何かを選びながら生活しています。日々の買い物から人生設計に至るまで、選択しない日はないといってもいいでしょう。場合によっては、未来が変わることもあります。

私たちが何かを選ぶとき、二者択一という場合もありますが、実際には三者択一のほうが多いのではないでしょうか。つまり、3つのうちの1つを選ぶということです。第1章でも書きましたが、2つより3つのほうが優先順位をつけやすく、売るほうも買うほうも三者択一のほうが行動を起こしやすい傾向があります。

このように「3つ」という数字は、選択に欠かせない大きなカギを握っています。そこには、いったいどんな秘密が隠されているのでしょうか。行動経済学にもつながる「3つ」の秘密を解き明かしていきましょう。

お寿司やうなぎや懐石料理を注文するとき、お品書きにはたいてい「松竹梅」とあり、その中から選ぶようになっています。その日の懐具合によって、どれを選ぶか迷う人も多いことでしょう。

そもそも、この「松竹梅」にはどんな由来があるのでしょうか。

故事をひもとくと、もともとは中国の歳寒三友《さいかんさんゆう》から伝わったものです。松と竹は寒中でも緑鮮やかで、梅は寒中に花開くことから「清く・正しく・美しい」ものの象徴として使われていたようです。松竹梅は中国の文人画のモチーフとして好まれ、山水画によく描かれているのはご存じのとおりです。

この歳寒三友、中国では「冬の寒さに耐える3種類の植物」という意味で使われていたのですが、日本では「松竹梅」と呼ばれ、おめでたいものの象徴とされています。日本に伝わったときには優劣のないものだったのですが、日本流にアレンジされ、いつしかランク付けに使われるようになったようです。

一説によれば、縁起のよさや語感のよさで「松竹梅」の順序で呼ばれるようになり、「特上・上・並」では注文しにくいだろうと、江戸時代にうなぎ屋やそば屋などが使い始めたのだとか。江戸っ子の見栄に配慮した商売上手なやり方だったわけです。

知られざる「松竹梅の法則」

この「松竹梅」には、ある法則があります。日本人特有の心理行動といってもいいでしょう。

それは何かといえば、江戸時代からうなぎ屋の注文には「竹」が一番多かったということです。

それはいまも同じで、和食、洋食レストランに限らず、3つのランクのうち、真ん中の「竹」に当たるメニューを注文する傾向があるのです。

これを称して「松竹梅の法則」といいます。お店によって松竹梅の値段の差はまち

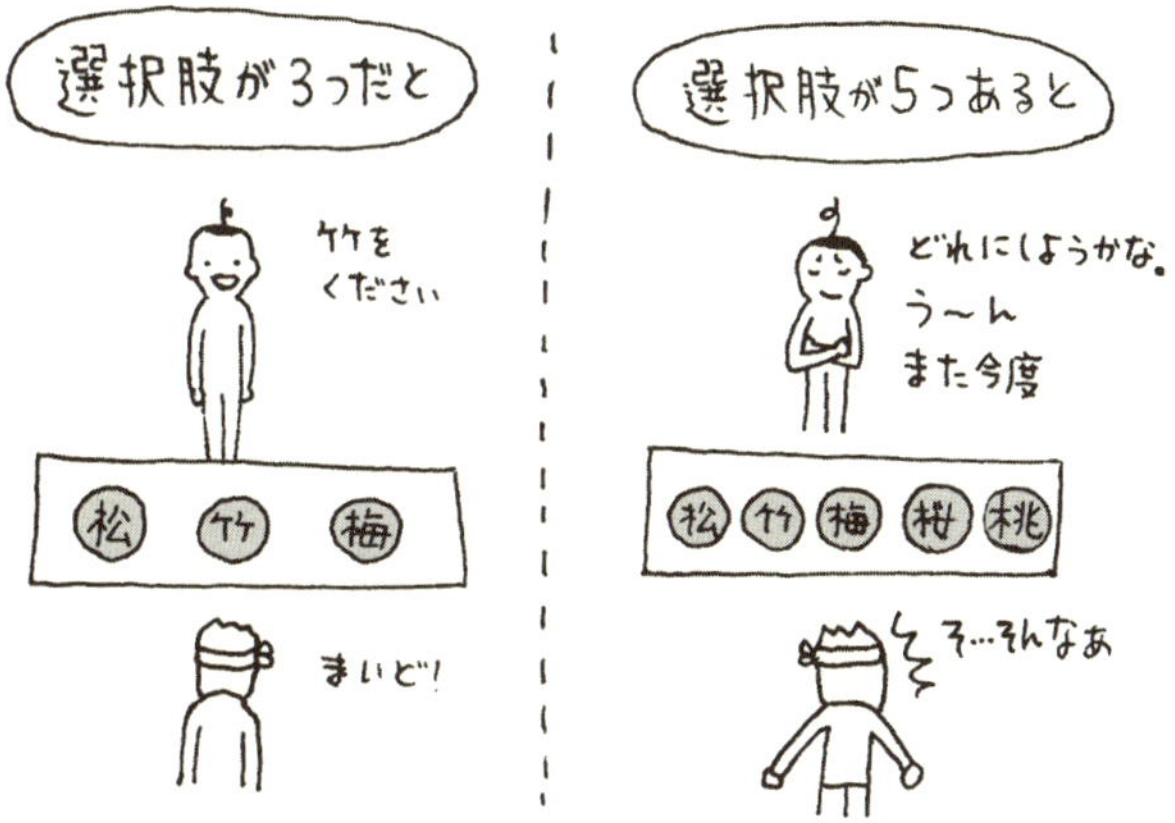
選択肢が3つだと
竹をください
松
竹
梅
まいど!
選択肢が5つあると
どれにしようかな。
う～ん
また今度
松
竹
梅
柿
桃
そ…そんなあ

まちですが、それでも「竹」が選ばれることは多いといいます。

会社のメンバーと以前、フランスのシャンパーニュ地方に行ったときのことです。シャンパンのメゾンを見学したのですが、なぜか入場料が3種類ありました。聞けば、見学の最後に試飲するシャンパンにはA、B、Cランクがあり、それが入場料に反映されているとのこと。おもしろいことに、私たちと私たち以外の日本人とも全員、当然のように真ん中のチケットを選び、アメリカ人やヨーロッパ人はみな一番安いチケットを選んだのです。

こうしてみると「松竹梅の法則」は日本人に多く当てはまるようですが、これをビジネスに使わない手はありません。つまり、「松竹梅の法則」を使ってビジネスをすると、うまくいくことが多いのです。

たとえば、**3種類ある商品のうち、イチオシのものが真ん中にくるように価格設定をします。するとその商品に手を伸ばす客が多くなるというわけです。**在庫の準備もしやすくなります。値段も、松と梅の中間ではなく、少し、松よりに設定するのです。

『ミシュランガイド東京』で三つ星レストランとして評価された日本料理店が都内にあります。おまかせコースの料金設定は1万3000円、2万、2万3000円の3つ。真ん中のコースは、一番高いコースの値段にかなり近く設定されているようです。

「3つ」という数字はそもそも選びやすいということがあります。選択肢が4つ、5つと多くなると、心理的に即決できずに「まあ、いいか」と逡巡《しゅんじゅん》してしまうこともありますが、**3つだと「買わないと損」という意識が働き、消費意欲をかき立てられるのです。**

☆―「発想」の幅を広げる「3つ」の魔法

「猪鹿蝶」に隠されたナゾ

ビジネスの世界では、他社と同じことをしていては新規開拓、業績黒字は望めません。ユニークすぎて、最初は無理そうだと思われたアイデアが、ヒット商品につながったという話はよく聞くことです。

では、どうしたら、そうした新しい「発想」が浮かんでくるのでしょうか。

その手だてとして、ここにも「3つ」が関わってきます。そこにはどんな秘密が隠されているのでしょうか。

花札という日本の伝統的なカードゲームは、最近、なかなか見ませんね。

花札は48枚の絵札に1月から12月までの各月の花鳥風月を4枚ずつ描いたもので、

絵札の組み合わせで勝敗を決めるという遊びです。発祥は室山時代後期の天正カルタにあるといわれ、江戸時代中期に現在の花札の原型が完成したといわれています。

花札の勝敗を決める絵札の組み合わせには何種類もあり、その中に猪と鹿と蝶の3枚の絵札を組み合わせたものがあります。これを「猪鹿蝶」と呼び、点数が高くなります。

この「猪鹿蝶」の組み合わせの不思議なところは、猪と鹿は動物なのに、蝶だけ昆虫だということです。3つの絵札のうち1枚だけ種類の違うものが入っている組み合わせは「猪鹿蝶」だけになります。

なぜ、こういう組み合わせが生まれたのか、その理由を調べましたが、残念ながらわかりませんでした。しかし、イノシカチョウという語感といい、絵柄のインパクトといい、何ともいえない魅力があります。

実は、その魅力にも魔法の「3つ」が隠されているのです。3枚の絵札のうち、1枚だけ異質なものが入っていることに意味があります。なぜなら、そこに変化が生じ、予測のつかない波紋を形作るからです。

たとえば、喫茶店で若者3人が談笑しているとします。2人はリクルートスーツなのに、1人がTシャツにジーパンという出《い》で立ちだったら、「おや?」と目を引くのではありませんか?

私たちはそこでいろいろな想像をしてしまいます。いわく「1人だけ就職できなかったのだろうか?」「2人は会社勤めで、1人はミュージシャンなのだろうか?」など、勝手に想像が広がっていきます。

あるいは、**営業戦略を考えた際に、1つめは「低価格戦略」、2つめは「高価格戦略」、3つめは「直販(ダイレクトマーケティング)戦略」とします**。これを「戦略オプション」といいますが、**選択肢を考える際に、2つは同じ切り口(この場合は価格)、もう1つは違う切り口(この場合は販売ルート)で考えると、戦略の議論が深まるのです。**

これを「低価格」「中価格」「高価格」の3つの戦略にしていくと、話は単純化できますが、戦略に厚みが出ません。

これは**3つのうちの1つが異質なものだから効果がある**のです。3つのうち1つだけ異質なものが入ることで、**ニュアンスの違うおもしろさや厚みが出てくる**のです。

そして、そこから**新しい発想が生まれてきます**。

ちなみに、最近よく聞くようになった「シカト」するというのは、「10月の花札の鹿」という意味で「しかとう」するから転じたそうです。花札の鹿が、横を向いていて「無視」しているように見えるからだといいます。

ダイエットを成功させる

何かをやるとき、「猪鹿蝶」の「3つ」で発想の転換をすると、おもしろいアイデアや長続きする方法が見つかります。

たとえば、ダイエット。何度もトライしては挫折の連続、という人が結構多いのではないでしょうか。

ダイエット効果をうたい文句にする商品は、世の中に山のようにあり、ビリー隊長による軍隊式の「ビリーズブートキャンプ」も大人気となりました。

いまは日々の食事内容を1つ残さずメモする「レコーディングダイエット」が注目されていますが、これは食べたカロリーを記録することで、自分がいかに過剰摂取しているかを意識化・見える化させるという方法です。これをやるとポテトチップスや菓子パンのカロリーがどれほど高いものかがわかり、意識化することで自然と食べる量が減っていきます。無理なく食事制限することができ、健康にもいいというわけです。

けれども、効果的なダイエット法はほかにあります。なんだと思いますか?

それは「猪鹿蝶」的ダイエットです。**3種類のダイエットのうち、1つを違う種類のダイエット法にするのです。**

たとえば、「間食をしない」「レコーディングダイエットに挑戦する」「1日30分の散歩をする」の3つを組み合わせます。

これだと**最初の2つは食事制限的なダイエットになり、3つめの散歩は運動ダイエット**になります。

あるいは、運動系のダイエットを2つに、食事制限的なダイエットを1つ加えるという方法もあるでしょう。

このように3つのダイエットを組み合わせる方式にすれば、飽きずに続けられると同時に、1種類だけのダイエットより効果があります。これが「猪鹿蝶」理論で考えるダイエット法です。

要は、**同じ軸で2つ、そして、違う軸で1つ**。これがポイントですね。発想の転換、発想の異相化という意味です。ダイエットの具体的な方法は、さらに猪鹿蝶の法則を使いながら、第3章でお話ししますのでお楽しみに。

☆――「融合」するとパワーが倍増する「3つ」の魔法

古人の知恵が伝えるパワー

1人ではできないことでも、何人かで取り組むと達成できるという経験は、だれしもあることでしょう。企業でもチームで仕事をすることは多いと思います。

ここでは「3つ」という数字に注目して、そのパワーを「融合」という言葉で表現し、解説します。

故事をひもとくと「1つより3つが融合することで大きな力を発する」という意味の言葉やことわざを数多く見かけます。

「三位一体」もそのひとつです。最近では、小泉純一郎元首相が提唱した三位一体の改革を思い出す人も多いでしょう。

この言葉はキリスト教の教理の1つで、「父なる神」と「子であるキリスト」、そして「聖霊」が一体であることを表しています。

けれども、一般的には「三者が心を合わせること」、あるいは「3つに見えているものが本質的には同じである」といった意味で使われています。

つまり、3つの力が合わされば、よりパワフルになるということです。

この「三位一体」と似た言葉に「三人寄れば文殊の知恵」という日本のことわざがあります。その意味は「凡人でも3人集まって考えれば、知恵をつかさどる文殊菩薩の知恵のような、1人ではとうてい出てこないすばらしい知恵が浮かぶ」というものです。

また、「三本の矢」という戦国時代の武将、毛利元就にまつわる逸話もあります。それは次のようなものです。有名な話ですからご存じの方も多いと思います。

ある日、元就は3人の息子たちに一本の矢を折るように命じました。3人が簡単に折ると、今度は三本の矢を束にして渡し、同じように折るようにいいました。すると、だれも折ることができませんでした。

つまり、一本ではもろい矢も三本になると強靱な力を発することを示し、3人が力を合わせることの大切さを説いたのです。

ほかにも、「心技体《しんぎたい》」「知徳体《ちとくたい》」など、武道や道徳に通じる言葉があります。これらは3つの要素が融合することで、理想的な状態になることを意味しています。

このように「3つ」には古くから「融合するとパワフルになる」という意味の故事ことわざがあります。これもまた「3つ」の魔法ということができるでしょう。

理念に「3つ」を使っている会社には底力がある

私はコンサルタントとして多くの企業の方々と仕事をしていますが、その中には融合の「3つ」を企業理念に掲げている会社がいくつも見られます。それらの企業が「3つ」に秘められたパワーを意識しているかどうかはわかりませんが、なぜか3つのキャッチフレーズで会社の行動指針を示しているのです。

・(ホンダの基本理念「3つの喜び」) 買う喜び、売る喜び、創る喜び
・(リクルートの経営の三原則) 新しい価値の創造、個の尊重、社会への貢献
・(オリエンタルランドの行動指針) 探求と開拓、自立と挑戦、情熱と実行

・（日本経済新聞社の3つのビジョン）使命、挑戦、信頼
・（ユニクロのミッション&ビジョン）いつでも、どこでも、だれでも着られる
・（三越伊勢丹ホールディングスの理念）真摯《しんし》に、しなやかに、力強く向きあいます
・（コクヨの社長メッセージより）ひらめき・はかどり・ここちよさ
・（丸紅の経営理念）正、新、和

私たちは、よく企業の今後の方向性を検討するプロジェクトで、「したいこと（will）」「すべきこと（must）」「できること（can）」という言葉を使い、円を描いて重ね合わせます。そして質問します。

「その重なりにある事業や市場の状況は、どのようなものですか？」

そして、付け加えます。

「その重なりをどう大きくするかが、『未来へのビジョンのパワー』なのです」と。

重なりが小さいときに、大きくするには「したいこと（will）」を拡大させるしかありません。それが志であり、ビジョンなのです。これは、融合の「3つ」の典

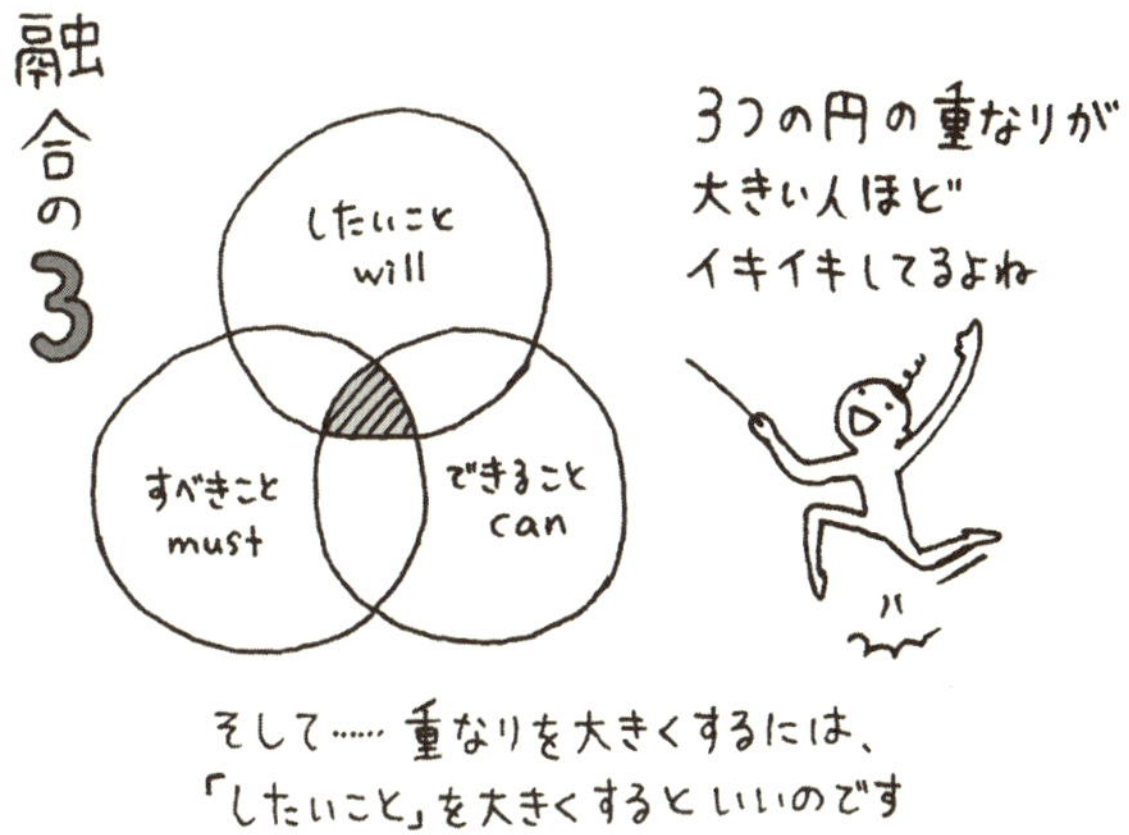
融合の3
3つの円の重なりが
大きい人ほど
イキイキしてるよね
したいこと
will
すべきこと
must
できること
can
そして…… 重なりを大きくするには、
「したいこと」を大きくするといいのです

型的なケースでしょう。

第1章で紹介した吉野家の「うまい、やすい、はやい」や、カレーハウスCoCo壱番屋の「ニコ・キビ・ハキ」のキャッチフレーズも、融合の「3つ」を使っています。3つの力が合わさり、一体化することで、企業の理想形を実現しようというものです。

「3つ」という数字には、単純に数が3つになっただけではない、大きなパワーがあるのです。しかも、どれか1つでも欠けたら、そのパワーを発揮することはできません。そこが「3つ」の不思議なところです。

もし、吉野家の「うまい、やすい、はやい」が「うまい、やすい」の2つだけのコンセプトだったら、これほど人気が出たでしょうか？　おいしくて安い店なら、ほかにもあります。「うまい、やすい」に「はやい」が加わり、三拍子そろうことで、企業の進む方向が定まり、お客を引き寄せることができたのです。これはカレーハウスＣｏＣｏ壱番屋にもいえることです。「ニコ・キビ」ではなく、**「ニコ・キビ・ハキ」だからこそ、現在の成長があったのです。**

仕事でもプライベートでも、１人よりは２人、２人よりは３人のほうが知恵がわき、方向性が見えてきたという経験をした人は多いと思います。２人だと意見が対立したとき、決裂してしまう危険性がありますが、３人ならば、誰かが仲介役になり、話がまとまりやすくなります。

したがって、**社内でもチームを組むときには、個性の違う3人をそろえるといいのです。**

the magics of three

☆☆☆

第3章
「3つ」を使って整理すると、問題を解決できる

☆—「3つ」を使って考えるとシンプルになる

1章・2章では「3つ」が持つ魔法のパワーについてお話ししました。「3つ」を意識するだけで、だれでも、すぐにコミュニケーション力をアップさせることができます。

そこで、3章では「3つ」を使って、物事の本質を整理し、さらに深く考える手法をご紹介します。

古代ギリシアの哲学者にソクラテスという人物がいますが、ほとんどの方がご存じでしょう。

彼は対話を通じ、相手の考え方に疑問を投げかける問答法によって、哲学を展開したといわれています。

これを「ソクラテスの産婆術」といい、相手に質問を投げかけ、問答を続けることで相手自らが悩み、考えて結論を導き出すということからきています。つまり、お産を手助けする産婆さんのような役割を果たしていたわけです。ちなみに、ソクラテスの母親は産婆さんだったといわれています。

コンサルタントの仕事も産婆術に似ています。クライアントと話を進める中で、あらゆる角度から質問をし、問題が何なのかに気づいてもらいます。それをもとに、新規開拓や事業内容などを提案していくのです。

その際、コンサルタントは「３つ」から話を展開し、提案事項をまとめていきます。

それは次のようなものです。

①結論を明確にする

②その結論のための根拠を用意する

③結論と根拠が事実にもとづき、納得できる関係にある

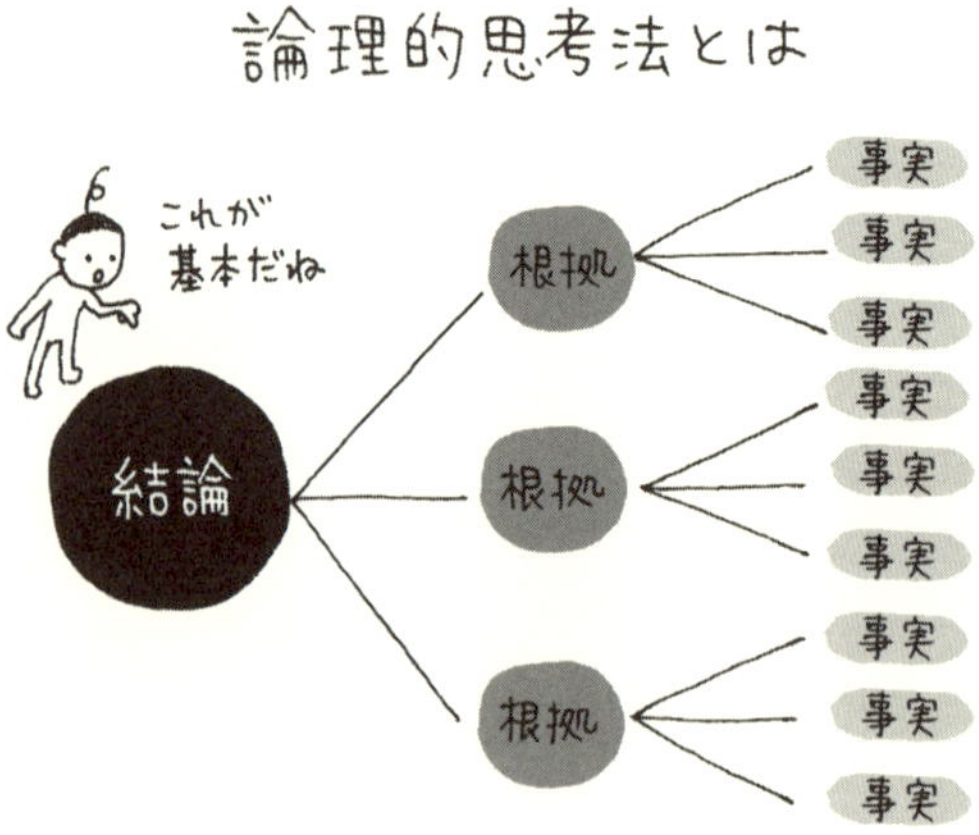

実にシンプルです。

これをわかりやすく分解すると、上のイラストのようになります。

まず「結論」があり、そうなる「根拠」として3つのポイントが挙げられ、それぞれに根拠となる「事実」が3つずつ並びます。論理的思考法の基本であり、これを覚えれば、誰もが仕事に活かすことができます。

この図は「ロジックツリー」といいますが、「考え、書き、話す」うえで意識するのと、しないのとでは、伝わり方に雲泥の差が出てきます。これからの説明でも頻繁に出てくるので、しっかりと頭に入れておきましょう。

☆ムダな情報を捨てることから、すべては始まる

論理的に考えるというと難しく聞こえますが、コツをつかんでしまえば、それほど難しいことではありません。論理的思考の基本となるのが「フレームワーク思考」というものです。

「フレームワーク」とは、日本語でいえば「枠組み」「引き出し」のようなものです。「大・中・小」「過去・現在・未来」「重要・まあ重要・あまり重要でない」などの3つの言葉は「引き出し」の例といえます。

たとえば、話を聴くときや文章を作るときなど、情報を整理するときにいくつか「引き出し」を用意し、そこに重要なポイントを入れて、自分なりに考えをまとめていくのです。

いわば、「モレなく、ダブりなく、考える」ための思考法ともいえます。物事を理

解したり、説明しやすくしたりするために、引き出しを作って考える。そうすると、漠然とした情報も、引き出しの中に整理することで、全体が見えてきます。

そして、最初は漠然としたものが、いくつかのパターンに分けられ、そこから意味や課題、法則や可能性を見いだすことができるのです。

つまり、鳥の目で全体を眺めるということですね。虫の目で見ていては、遠くのものが見えず、何が問題なのかはっきりしません。けれども、**引き出しを使って情報を整理すれば、全体像がすっきりと見えてくるわけです。**

ところで、得られた情報を整理するコツですが、「捨てる情報、保留する情報、しっかりと取っておく情報」に区別して取捨選択するとわかりやすくなります。

捨てる情報は必要ないものですから、忘れていってもかまいません。

問題は、「保留する情報」と「しっかりと取っておく情報」です。それらの情報を、話の中に出てくる言葉や、自分なりのわかりやすい表現を使って引き出しを作り、グループ化していきます。そうやって整理していくと、全体像が見えてくるのです。

この話は「お客様の意見」、この話は「ライバルの戦略」、この話は「自分の会社の弱点」といった引き出し（フレームワーク）を作って、整理するといいのです。

そういうときに、この「フレームワーク思考」を使うと、自分なりに解釈でき、結論を導くことができるのです。

ビジネスの世界では話のうまい人もいれば、話が冗長的で論点がずれる人も当然います。特に会議などでは、話があっちにそれ、こっちにそれする人が必ずいます。

そんなときは、**自分の頭の中に引き出しを作り、相手のいうことをうまく整理していけばいいのです。**すべてを理解しようとするから、かえってわけがわからなくなるのです。

さらに、議論の全体像から「守破離」「松竹梅」「猪鹿蝶」「三位一体」といった分類手法を取り入れ、どういう解決法、結論を導き出せるかを考えられるようになれば、しめたもの。会議での発言も理路整然としたものになり、議論を集約するのに一役買うことになるに違いありません。

☆――「フレームワーク思考」を意識すると、仕事の質が上がる

会議や講演、セミナーなどに出席したとき、「引き出し」を使った「フレームワーク思考」を身につけていると、テーマごとに分類して情報収集でき、自分なりの結論を見いだすことができることはお話ししました。

実はこの「フレームワーク思考」、私たちが日常、よく使っている分類法でもあります。たとえば、「高・中・低」「上・中・下」「1・2・3」「過去・現在・未来」「事実・憶測・期待」といった具合に、なにげなく使っている言葉には「フレームワーク思考」が含まれているのです。

そして、**キーになるのが「3つ」であるということ**。「高・中・低」「上・中・下」「1・2・3」「過去・現在・未来」「事実・憶測・期待」のいずれも、3つの「引き出し」で構成されています。**これらを意識して使うことで、自然と「フレームワーク思考」ができる**

ようになるのです。

たとえば、新商品開発の企画会議を行っていると仮定しましょう。

中堅社員が中心になって、色々な議論をしています。市場の大きな動き、既存顧客の自社の商品への満足度、他社のヒット商品、自社の失敗商品、競合の技術力評価、ブランド浸透力の市場全体の比較評価、等々――。こういった新商品開発にからむテーマをバラバラに話しているとします。

すると、聞いているほうは、頭がこんがらがってしまいます。

そこで、「フレームワーク思考」で自分の頭の中にいくつかの「引き出し」を作り、そこに当てはめていくのです。そうすると、すっきりと整理されます。

けれども、このとき、ただ整理するだけでは意味がありません。**引き出しの中身を入れ替えたりしながら、どの引き出しに比重を置いた商品開発をすればいいのか、自分なりにいくつかの仮説を立てていきます。**

よく使われるのが、「３C」の整理です。「顧客・市場」の〝Customer〟、「競合」

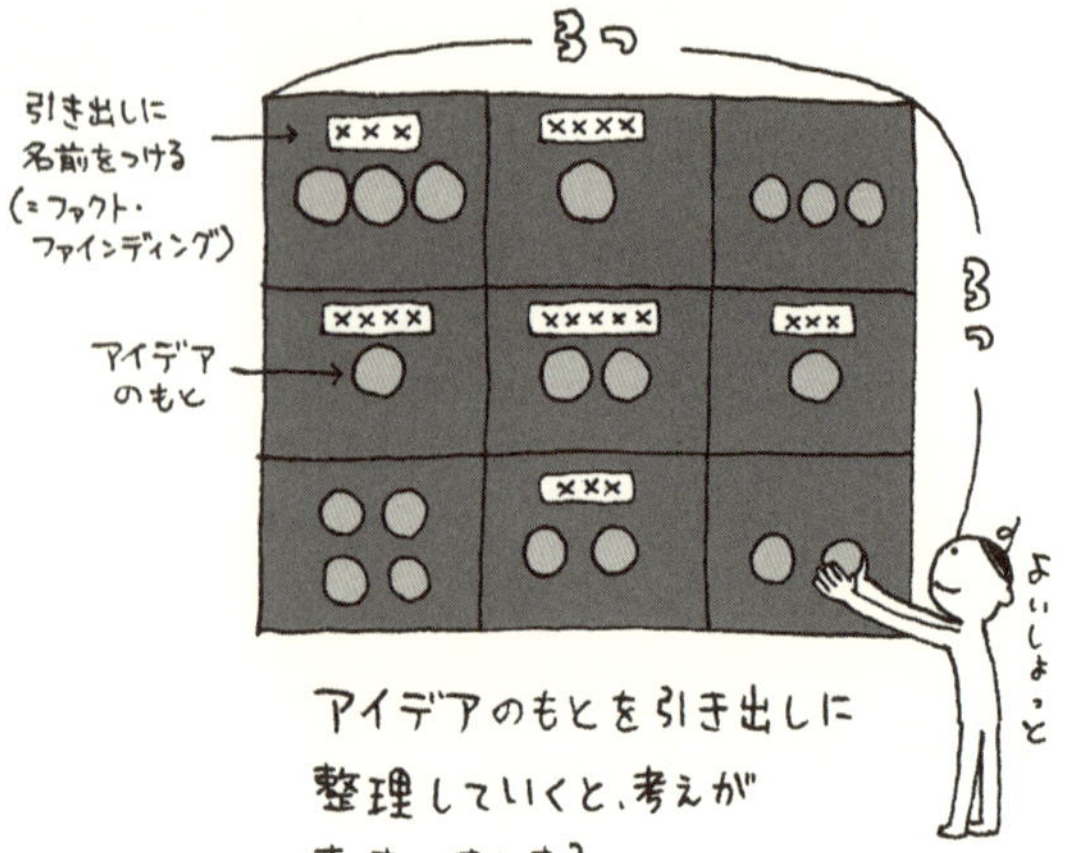
すっきりまとまる

の〝Competitor〟、「自社」の〝Company〟で議論を整理します。

それぞれの引き出しに入れていったら、今度は、商品の〝Product〟、価格の〝Price〟、販売促進の〝Promotion〟です。マーケティングの基本の「4P」のうちの「3P」を使うのです。

上級編になると今度は、これらの3つずつをクロスして、9つのマトリックスをつくります。そして、それぞれの引き出しに名前をつけるのです。これを「ファクト・ファインディング」といいます。議論を整理して、わかったことという意味です。「3つ」「3つ」「3つ」で考え、クロスして「9つ」

で考えると、引き出しの整理になるので、全体のゴチャゴチャ感が消えていくのです。

このように「フレームワーク思考」で考えて、仮説を立てる習慣を身につければ、会議もただの報告ではなく、分析をしながら建設的な結論へと導かれるはずです。

☆―ザガットサーベイの評価基準も「3つ」

私たちはレストランに行くとき、ガイド本やインターネットの口コミ情報を参考にお店を決めたりします。

中でも有名なのは、フランス発のレストラン評価ガイド『ミシュランガイド』で、日本版の『ミシュランガイド東京』は発行されると同時に、テレビでも紹介されるほど話題になりました。星は最大、☆☆☆の3つです。2009年時点で、東京では9つのお店が選ばれています。本家のパリでさえ、10店ほどですから、スタート2年での東京の三つ星の数は異例でしょう。

ちなみに、三つ星は、そのために旅行しても価値のあるお店。二つ星は、そのために遠回りしても価値のあるお店。一つ星は、そのカテゴリーで特においしい料理のお店という基準です。

『ミシュランガイド』の評価方法は、覆面の特定調査員が一般人としてお店に入り、料理やサービス、内装などをチェックするものです。

一方、ニューヨーク発のレストラン評価ガイド『ザガットサーベイ』は、フランス発の『ミシュランガイド』とは違い、一般の人たちへのアンケート調査をもとに評価しています。ニューヨークに住む弁護士のザガット夫妻が、特定調査員によるレストランガイドの公平性に疑問を抱いたことがきっかけでした。2人はアンケート回答を統計処理する方法を考案し、その結果をもとに「料理」「内装」「サービス」の3項目を各30点満点で評価。さらに寄せられたコメントを多く引用し、実用的なガイド本を世に送り出したのです。

この方式では、公平性の高いガイドブックをつくるために、膨大な数のアンケートを実施しています。参加人数は約35万人。ちなみに東京版では約5500人がアンケートに回答しています。しかも、その評価が正しいかどうか、専門のスタッフが実際に店に行って確認するという念の入りようです。

こうした公平性が評判を呼び、いまやアメリカだけでなく、ロンドン、パリ、東京など世界89都市でガイドブックを発行しています。現在ではホテル、バー、ゴルフ、映画、音楽、ショッピングといった分野まで網羅。アンケートによる公平性の高いレジャーガイドとして、世界中の読者から信頼を得ています。

さて、ここで注目したいのは評価基準となる項目の数です。**「料理」「内装」「サービス」の3つ**。2つでもなく、4つでもない。「3つ」であるというのがポイントです（90ページのイラスト参照）。それぞれを30点で評価します。

これらの項目を「フレームワーク思考」で考えると、「守破離」の成長、「松竹梅」の選択、「猪鹿蝶」の発想、「三位一体」の融合のうち、どれに当たると思いますか？

ザガットサーベイの評価基準

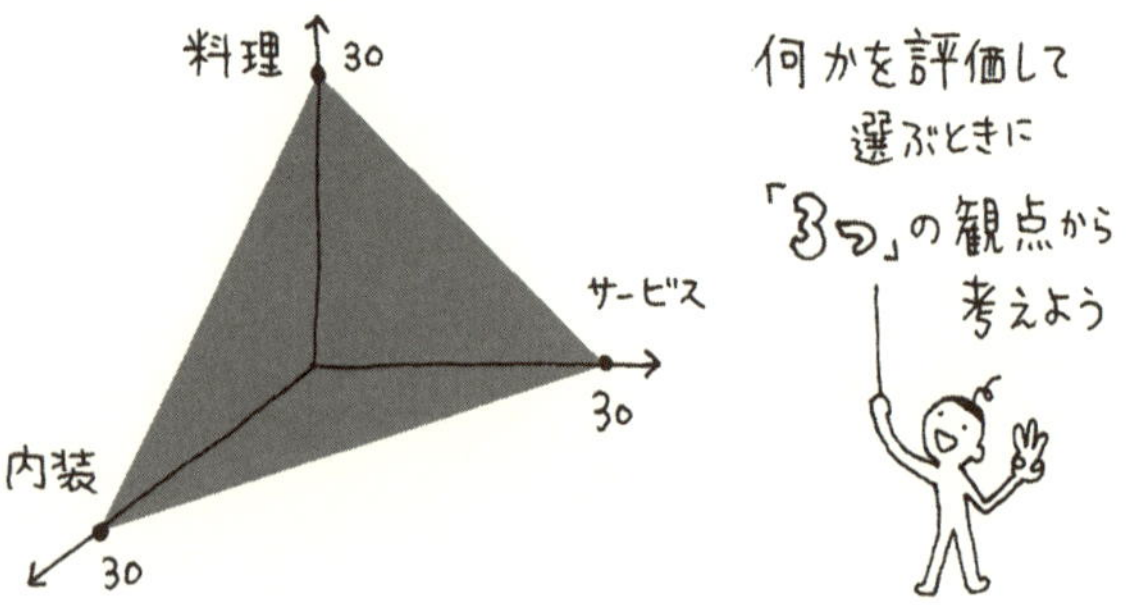
料理
30
サービス
30
内装
30
何かを評価して
選ぶときに
「3つ」の観点から
考えよう

そうです。基本は、「三位一体」です。これからレストランを経営しようと考えている人は、「料理」「内装」「サービス」の3項目を参考にするといいでしょう。

もちろん、3つとも最高級なら文句のつけどころのないレストランとなりますが、資金や人的な制限がある場合、すべてをそろえるのは難しいでしょう。そのときに、どれを優先するか。それがレストランの個性を作っていきます。

よく、内装は古びているけれども「味は絶品」という中華料理店やラーメン屋の話を聞きます。そういうところは、繁盛して行列ができています。また、サービスがよければ、味がイマイチでも、固定客はつきます。料理はともかく、あのおばちゃんの声と気風と笑顔がたまらない、というサービス優位のお店もあります。

料理もサービスも思ったよりは大したことはなかったけど、あの内装のデザインは新鮮で斬新だった、という印象を持つレストランもあります。氷でできたレストランは話題性重視のお店ですが、その典型でしょう。

レストランに限らず、**何かを評価する際に3つの項目で評価するのは、シンプルながらも、非常にわかりやすいのです。**

☆—「3つ」を使ってレストランを効果的に利用する

新婚・マンネリ・円熟夫婦の場合

ザガットサーベイの評価基準を使って、3パターンの夫婦のレストラン選びについ

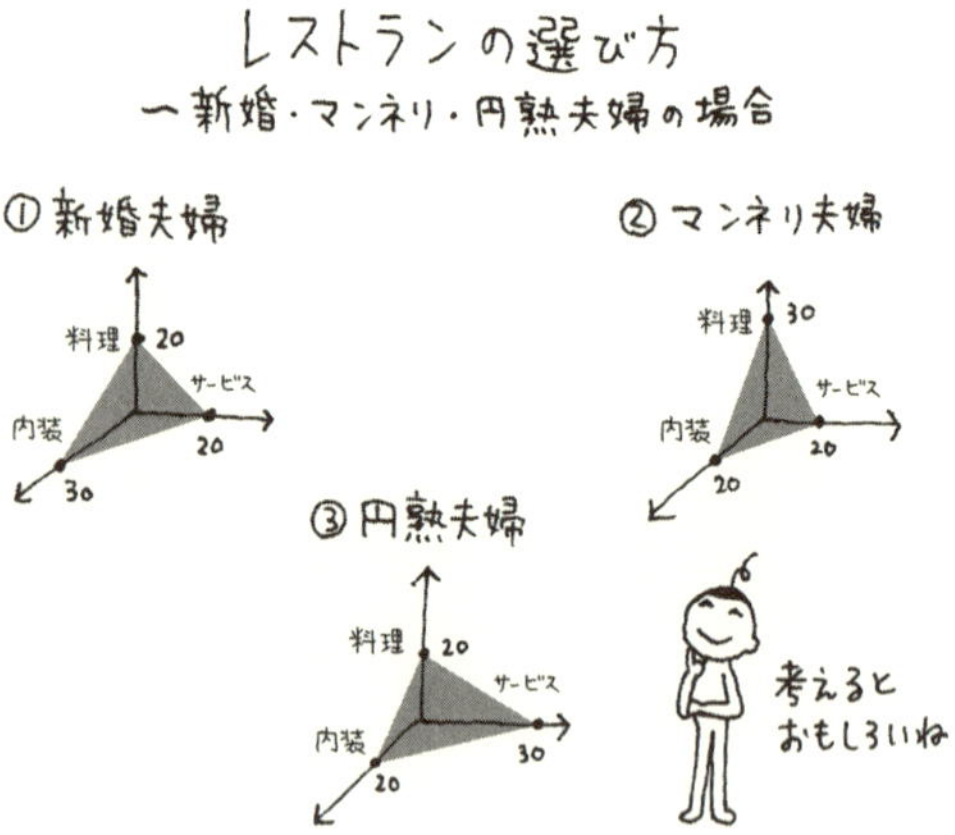

て考えてみましょう。評価基準は、「料理」「内装」「サービス」の3つ。それぞれを30点で評価すると、上のイラストのようなイメージになるのではないでしょうか。予算は同じであると考えます。合計点を90点満点で70点にしました。

　実際は、それぞれ主張に個体差があるため違うかもしれませんが、平均的な場合と考えてください。

①新婚夫婦の場合：まだまだ恋人感覚で新鮮なカップルです。料理20点、内装30点、サービス20点といったところでしょうか。何より話題性やトレンドを重視しま

す。

②マンネリ夫婦の場合：結婚して15年以上もたつと、互いに空気のような存在です。子どもにはお金もかかるし、できるだけ節約したい。でも、来たからには、料理の味が最優先でしょう。すると、料理30点、内装20点、サービス20点が妥当だといえます。

③円熟夫婦の場合：酸いも甘いも噛み分けた夫婦。あまり脂っこい料理もいただけません。そうすると、何よりも人のおもてなしを大切にするサービスを大切にします。おそらく、料理20点、内装20点、サービス30点になるのではないでしょうか。

どうでしょうか。こうしてみると、いろいろなパターンが考えられますね。新婚夫婦はあまりお金を持っていませんし、マンネリ夫婦はそもそも出かけること自体しないかもしれません。変数はさまざまであり、こんなに単純ではないでしょう。

でも、ザガットサーベイは、この3つの評価基準をとても大切にしています。3つの評価軸の総合点ランクもありますが、各評価軸のランクもあります。その意味でも読むのが楽しいのは、ザガットサーベイです。3つという単純な評価軸にしているからこそ、シンプルに楽しめます。「今日は総合！　来月は料理！　そして再来月はサービス！」といった楽しみ方もできるのです。

さて、あなたはレストラン選びで何を最優先にしますか？

相手にお店選びをゆだねるときは、「3つ」の中から何を優先するつもりか聞いてみるのも一興です。

☆—「3つ」「3つ」で問題を解決する

人の話を聞くときや文章を書くとき、「引き出し」を使って分類・整理すると、相

〈図1〉「ロジックツリー」を使って問題を整理する

ツール	主なメソッド	形態	内容
ロジックツリー	WHYツリー	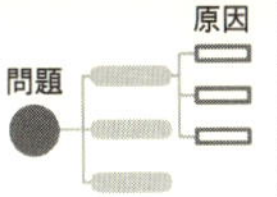	「なぜ?」ということを考えるときに使う
	HOWツリー	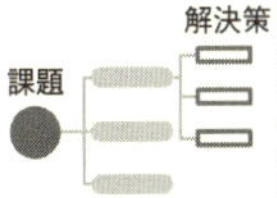	「どうやって?」という方法を考えるときに活用
	WHATツリー	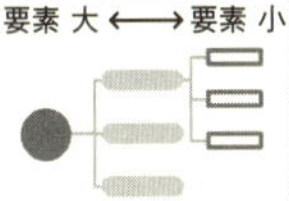	「それって何?」という要素分解を考えるときに使う

手にわかりやすく伝えられるようになります。これを「フレームワーク思考」ということはすでに説明したとおりですが、これをうまく使いこなすのに便利なツールがあります。これが前述した**「ロジックツリー」**というツールです。

ロジックツリーは、木の幹から枝が分かれていくように、ある要素をさらに各要素に分解していくことから、その名がついています。

基本的には最初にテーマとなるボックスを作り、そこから枝分かれさせて3つのツリーを作り、テーマに沿った問題点や課題、構成要素などを入れていきます。このとき、どの切り口で枝分かれさせるかによって、最終的に導き出される内容が異なってきます。

基本形は図1にあるとおり、「WHYツリー」「HOWツリー」「WHATツリー」の3つで、それぞれの使う目的は次の通りです。

・WHYツリー：問題から原因を探る
・HOWツリー：課題から解決策を導く
・WHATツリー：構成要素の分解に使う

これらのロジックツリーは、好きなだけ枝分かれさせることができますが、3つずつに分類することがポイントです。2つでも、4つでもなく3つ。**なぜなら3つだと、問題点や課題、構成要素などの整理がしやすいからです。**

こうして枝分かれさせて3つずつに分けていくと、そこにはピラミッド型の三角形ができます。最初に大きな三角形、次に中くらいの三角形、その次に小さい三角形と

〈図2〉デンソー・スピリットのWHATツリー

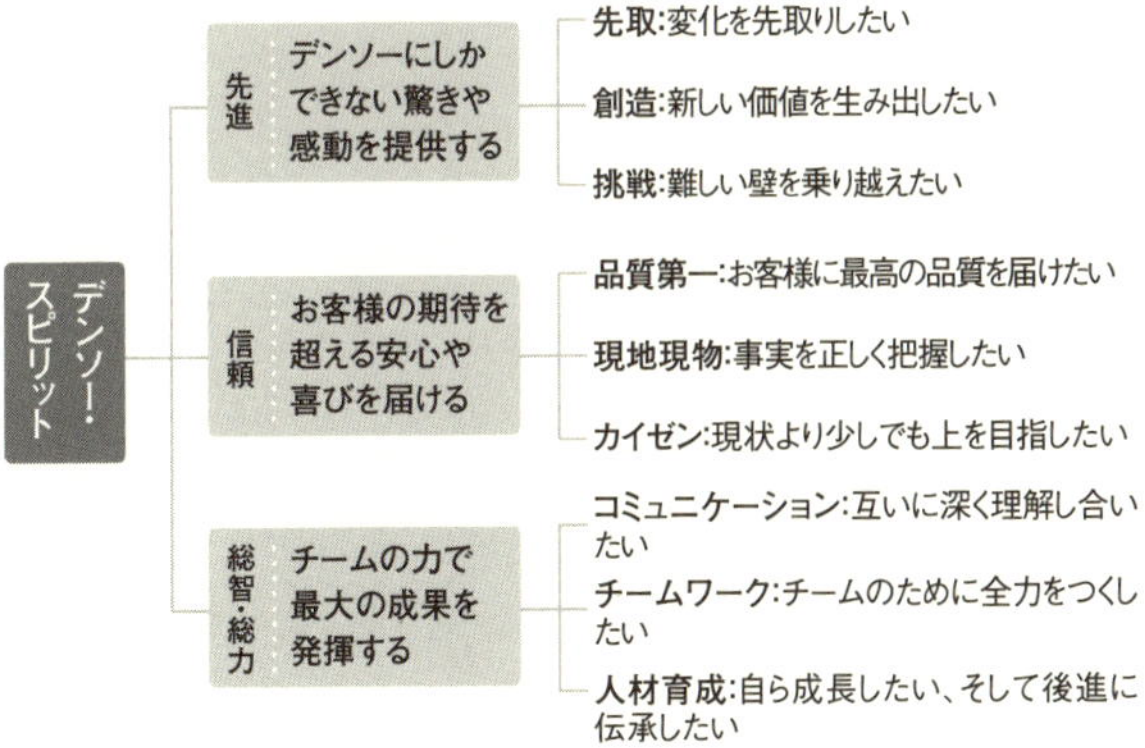
デンソー・スピリット
先進
デンソーにしかできない驚きや感動を提供する
先取:変化を先取りしたい
創造:新しい価値を生み出したい
挑戦:難しい壁を乗り越えたい
信頼
お客様の期待を超える安心や喜びを届ける
品質第一:お客様に最高の品質を届けたい
現地現物:事実を正しく把握したい
カイゼン:現状より少しでも上を目指したい
総智・総力
チームの力で最大の成果を発揮する
コミュニケーション:互いに深く理解し合いたい
チームワーク:チームのためにに全力をつくしたい
人材育成:自ら成長したい、そして後進に伝承したい

続きます。**これをロジックツリーの「3つ」「3つ」「3つ」といいます。**

1つ実例を挙げてみましょう。図2を見てください。

自動車部品メーカーのデンソーが掲げる理念です。このデンソー・スピリットは、まさに3つの要素が枝分かれするロジックツリーで構成されています。

実にわかりやすくデンソーの考え方が理解できると思うのですが、いかがでしょうか。

☆―ロジックツリーで問題を解決する演習をしよう

さまざまな問題解決に使われるロジックツリーは、仕事だけでなく、プライベートでも活用できます。いくつか事例を紹介しますので、自分の課題や問題点をロジックツリーにして、解決策を探りましょう。その際、自分なりの「選択基準」を3つ用意することがポイントです。

【演習1】３カ月間で５キロのダイエットに挑戦！

まず、ダイエット法の選択基準を「長続きする」「見える化する」「お金をかけない」の3つに想定してみましょう。それらに必要な要素を3つに絞って考えていきます。

図3をご覧ください。

まず、ロジックツリーの最初のボックスには、目標の「3カ月で5キロ落とす」と

〈図3〉 演習①
「3カ月間で5キロ落とす」を効率よく達成するには

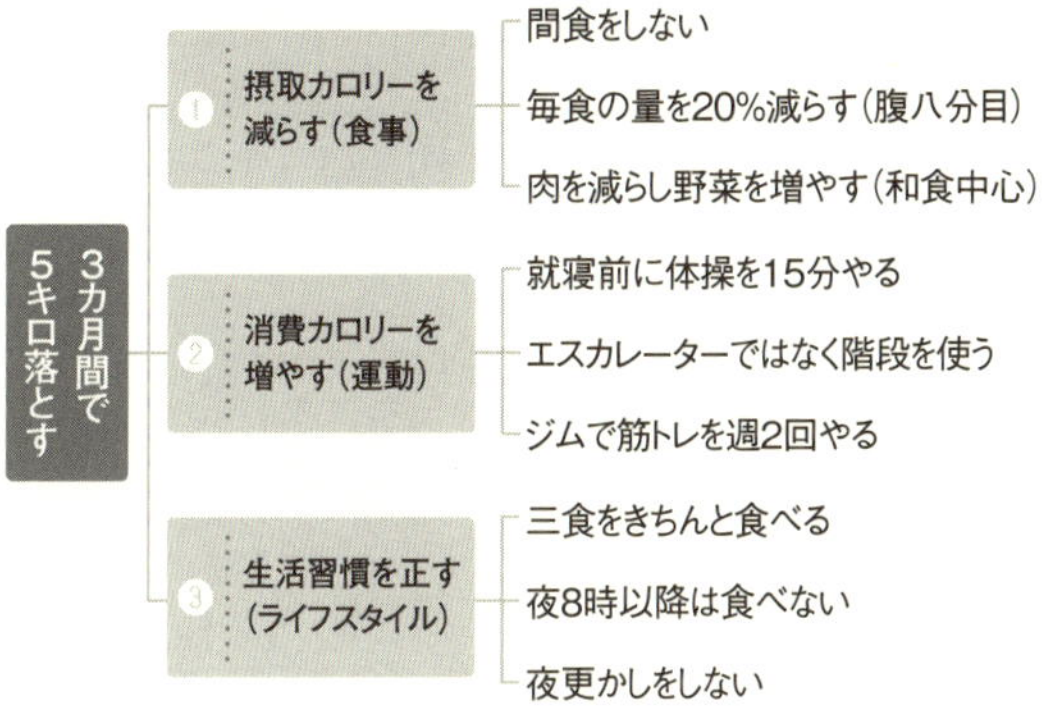
3カ月間で5キロ落とす
①摂取カロリーを減らす(食事)
間食をしない
毎食の量を20%減らす(腹八分目)
肉を減らし野菜を増やす(和食中心)
②消費カロリーを増やす(運動)
就寝前に体操を15分やる
エスカレーターではなく階段を使う
ジムで筋トレを週2回やる
③生活習慣を正す(ライフスタイル)
三食をきちんと食べる
夜8時以降は食べない
夜更かしをしない

入れます。そして、ツリーを構成する3つの要素に、①摂取カロリーを減らす(食事)、②消費カロリーを増やす(運動)、③生活習慣を正す(ライフスタイル)、と入れていきます。ちなみに、①、②はカロリー、③はライフスタイルですから、猪鹿蝶の法則です。

次に、それらを達成するための方法を、「間食をしない」「毎食の量を20%減らす」……というふうに、枝分かれ方式で3つずつ挙げていきます。

このようにロジックツリーで考えると、自分に合った方法、つまり、オリジナルのダイエット法ができあがるという寸法です。

たとえば、ハードにダイエットするか、ソフトに取り組むかによっても、やり方は変わります。体を動かすことが好きな人なら、「消費カロリーを減らす」ことを判断基準に、「歩く・走る・泳ぐ」の3つを設定して、それぞれに「いつ、どこで、どれくらい」を目安にツリーを完成させることもできます。

また、お金をかけてダイエットするなら、ジムのトレーナーに個人指導してもらう、断食道場に参加する、脂肪吸引手術を受けるといった方法も考えられます。

ちなみに、私は週に2回ジムに通い、食べたものを記録するレコーディングダイエットをやり、毎日同じ時間に体重を測っています。これは演習で考えた「消費カロリーを増やす」「摂取カロリーを減らす」「生活習慣を正す」に当てはまります。

おかげで、私の体重は順調に3カ月で5キロ減りました。

さて、もしやせたいとお考えなら、あなたにぴったりのダイエット方法を、ロジックツリーを使って考えてみましょう。

〈図4〉 演習②
相手に伝わり、印象に残る「自己紹介」をするには

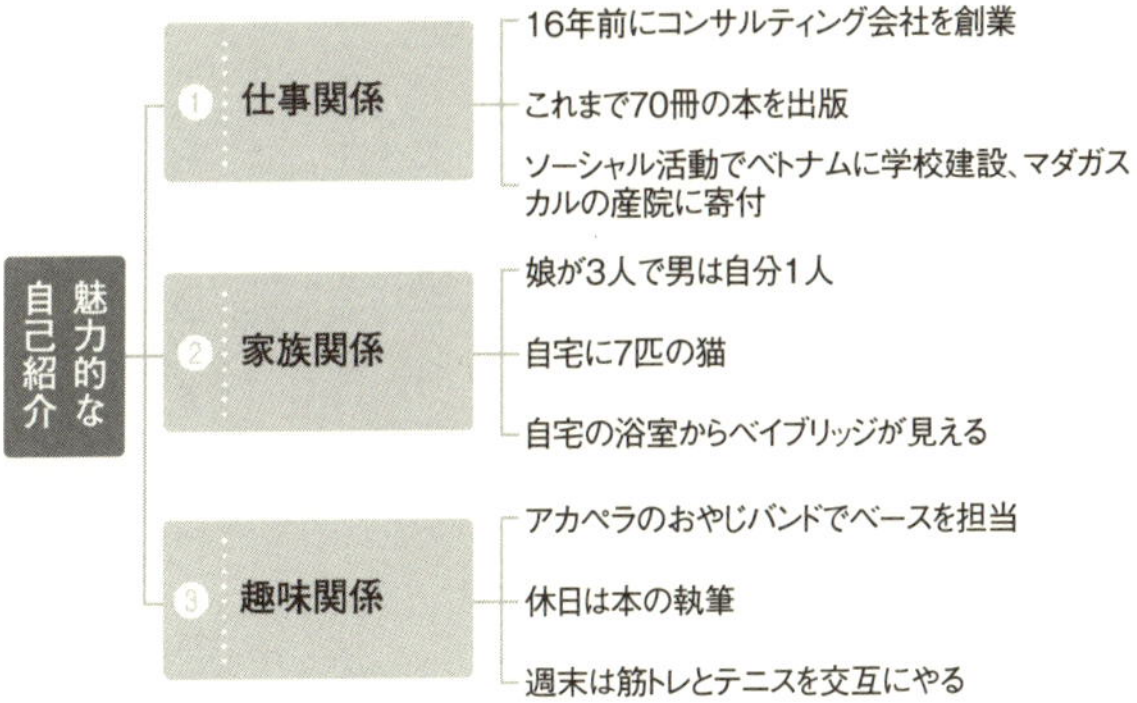
魅力的な自己紹介
① 仕事関係
16年前にコンサルティング会社を創業
これまで70冊の本を出版
ソーシャル活動でベトナムに学校建設、マダガスカルの産院に寄付
② 家族関係
娘が3人で男は自分1人
自宅に7匹の猫
自宅の浴室からベイブリッジが見える
③ 趣味関係
アカペラのおやじバンドでベースを担当
休日は本の執筆
週末は筋トレとテニスを交互にやる

【演習2】自分の魅力を凝縮する自己紹介をしよう！

自己紹介するに当たっての選択基準を「自分らしさ」「印象に残る話」「そのシーンの目的」の3つにします。最後の「そのシーンの目的」というのは、自己紹介する場面のことで、プライベートなのか、ビジネスなのか、何を目的に自己紹介するのかによって、内容が変わることを意味しています。

ここでは20年ぶりの同窓会での自己紹介とします。

図4をご覧ください。

まず、ロジックツリーの最初のボックス

には、「魅力的な自己紹介」と入れます。そして、ツリーを構成する3つの要素に、①仕事関係の話、②家族の話、③趣味の話、を入れていきます。

次に、それらを達成するための方法を、「16年前にコンサルティング会社を創業」「これまで70冊の本を出版」……というふうに、枝分かれ方式で3つずつ挙げていきます。

あとは、このロジックツリーで考えた要素をふまえて話をするだけです。

「私には3つの特徴があります。1つは仕事で……。2つめは家族で……。3つめは趣味で……」というふうに話せば、シンプルに自分をアピールすることができます。

自己紹介は千差万別、100人いれば100とおりの自己紹介があります。目的によっても、内容が変わります。


たとえば、会社関係の営業の商談で、初めて会う人の場合は、「自分の仕事上の特徴」「実績1」「実績2」という3つのポイントで構成してもいいでしょう。

就職活動での面接なら、自分の「長所」「短所」「トータルとしての自分」の3つを要素にするといいでしょう。あるいは「自分が思う自分」「他人が思う自分」「未知の

〈図5〉 演習③
結婚式のスピーチを盛り上げるには

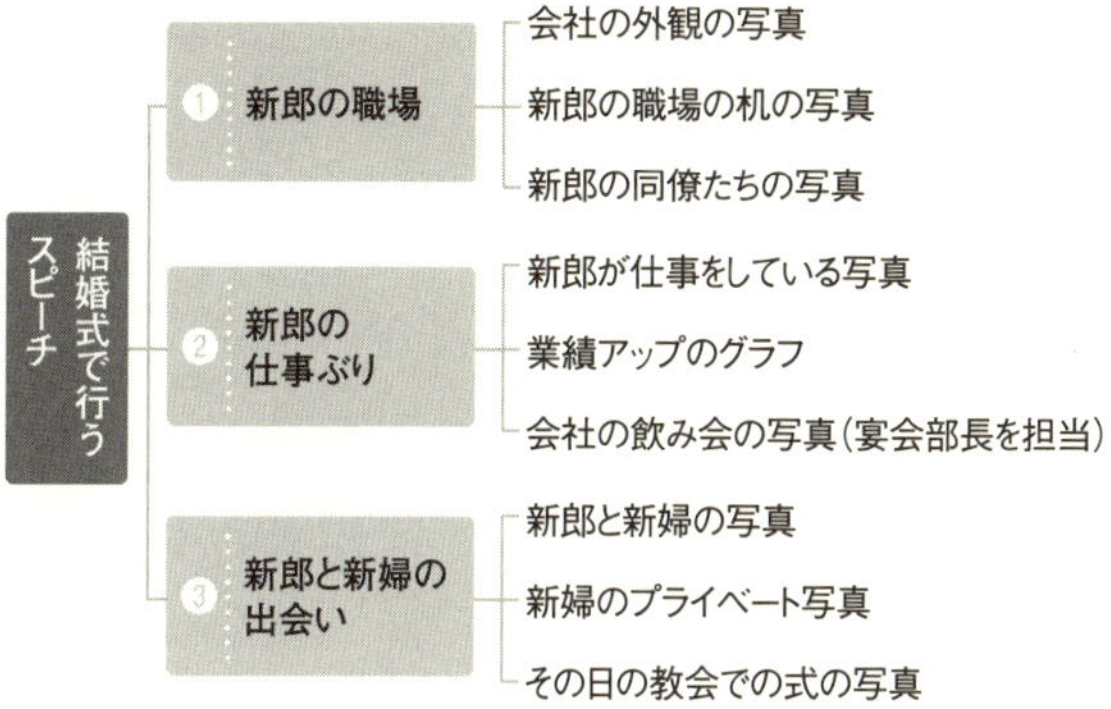
結婚式で行うスピーチ
1 新郎の職場
会社の外観の写真
新郎の職場の机の写真
新郎の同僚たちの写真
2 新郎の仕事ぶり
新郎が仕事をしている写真
業績アップのグラフ
会社の飲み会の写真（宴会部長を担当）
3 新郎と新婦の出会い
新郎と新婦の写真
新婦のプライベート写真
その日の教会での式の写真

自分」という区別でもいいと思います。

学生時代にやっていたサークル活動など、自分をアピールできるような話があれば、それを強調します。一般的な内容ではなく、相手の記憶に残るような印象的な出来事を選ぶといいでしょう。

【演習3】結婚式のスピーチ〜新郎新婦への応援メッセージ

ここでは新郎の上司ということにします。ロジックツリーをつくる際の選択基準は「シンプル」「5分以内」「喜ばれる」の3つ。まず、最初のボックスに「結婚式で行うスピーチ」と入れ、枝分かれする3つの要素を選びます。

たとえば、私が会社のメンバーの結婚式でスピーチをするときは、パワーポイントを使って目で見て楽しめるようにしようと考えます。

ただ写真をランダムに見せるよりも、新郎新婦のことがよくわかるように見せたいと思いますので、写真に関するロジックツリーを図5のようにつくります。

まず、ロジックツリーの最初のボックスには、前述したように「結婚式で行うスピーチ」と入れます。

そして、ツリーを構成する3つの要素に、①新郎の職場、②新郎の仕事ぶり、③新郎と新婦の出会い、と入れていきます。

次に、それらを表現するためのコンテンツを、「会社の外観の写真」「新郎の職場の机の写真」……というふうに、枝分かれ方式で3つずつ挙げていきます。

このように写真を見せながら簡単に話をしていくわけですが、一番下の「その日の教会での式の写真」のように、その日の様子を写真に撮って、速報するということも

よくやります。

話だけだと単調になりがちですが、こういう写真を使った演出方法は参列している方たちからも喜ばれます。

なお、結婚式のスピーチで最も注意したいことは、話の内容が散発的で冗長的にならないようにすることです。5分という時間制限を無視して長々と話す人がいますが、聞いている人はほとんどいません。せっかく話をするのですから、耳を傾けてもらう工夫や努力をしましょう。

そのためにはシンプルに話すこと。ロジックツリーを使って、ポイントを押さえた話をすれば、きっと参列者の耳目《じもく》を集めるに違いありません。それは新郎新婦の人柄をくまなく紹介するものとなり、お祝いのメッセージにふさわしいものとなるでしょう。

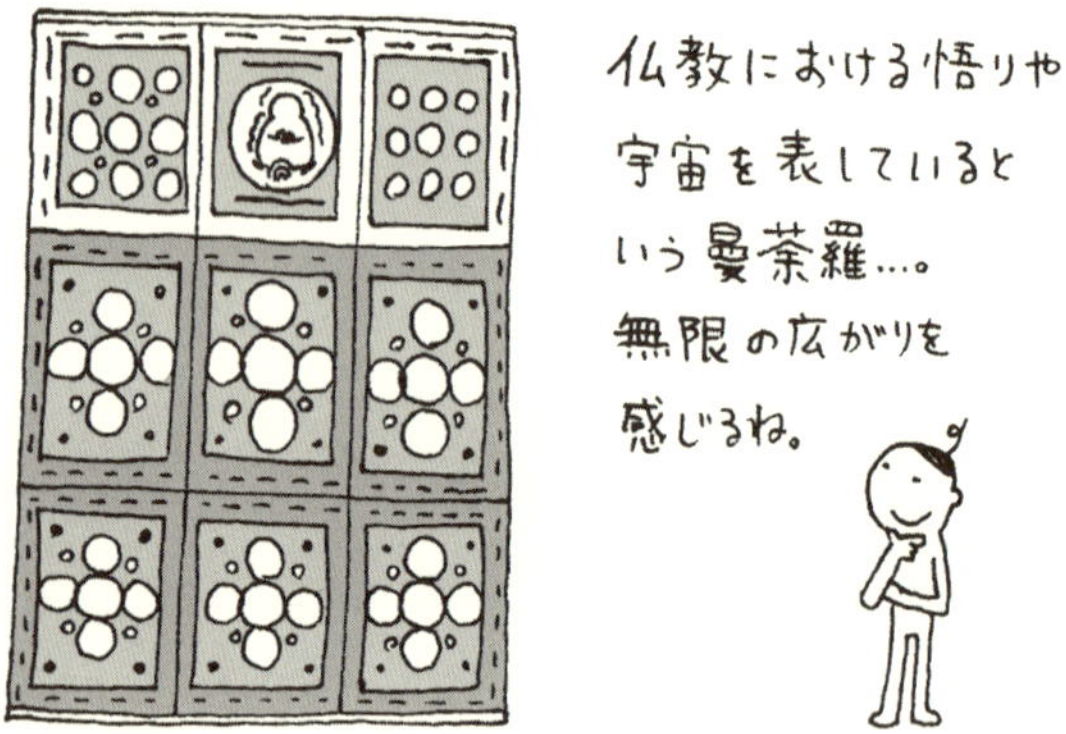
仏教における悟りや
宇宙を表していると
いう曼荼羅…。
無限の広がりを
感じるね。

☆──「曼荼羅マトリックス」から アイデアを生み出す

曼荼羅《まんだら》という言葉を知っていますか？

これはマンダ（本質・神髄）とラ（所有・成就）から成るサンスクリット語で、「真理を内包するもの」という意味があります。これを図に表したものが曼荼羅で、この世の真理を指し示しています。

曼荼羅には仏像やシンボル、文字などが描かれ、仏教（特に密教）における聖域、仏の悟りの境地、世界観などをわかりやすく表現しています。ひと言でいえば、宇宙

〈図6〉曼荼羅マトリックスで新商品を開発！

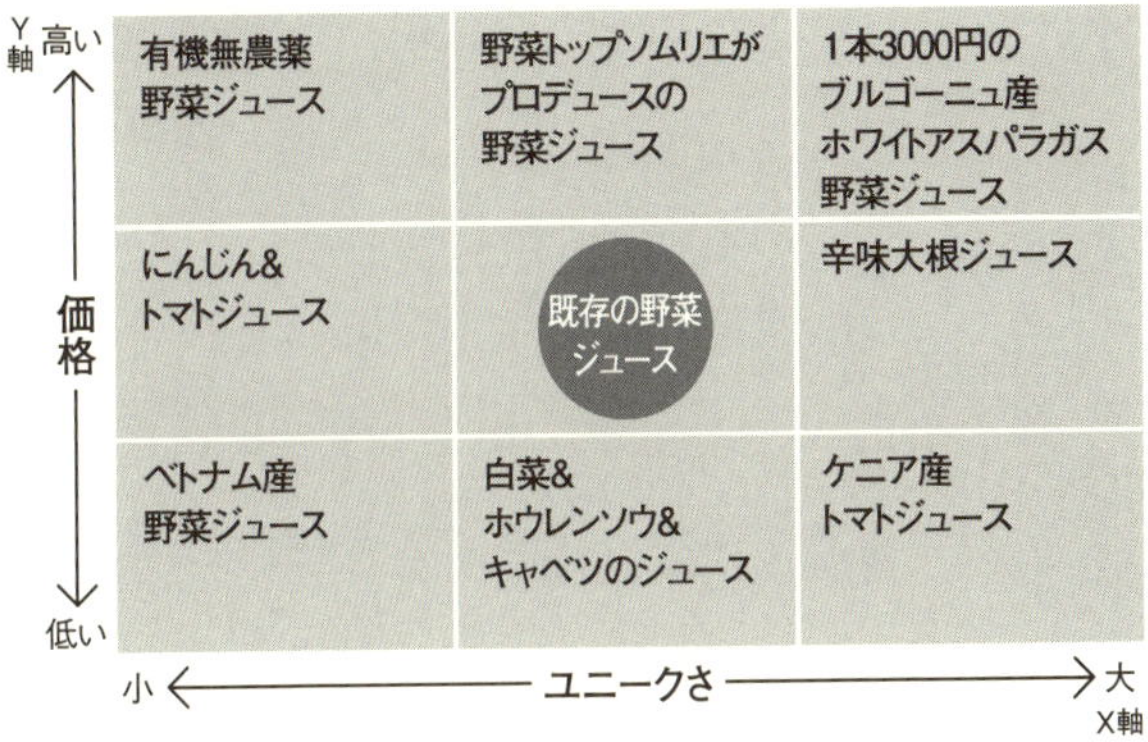

を表しているといってもいいでしょう。

特に興味深いのは、曼荼羅の図が最小9つのブロックで成り立っていることです。つまり、**「3つ」「3つ」「3つ」のフレームワークで表現されている**のです。極めて論理的な表現方法であることから、この曼荼羅に着目して、コンサルティングに応用する専門家も増えています。それが「曼荼羅マトリックス」で、企業戦略構築や新商品開発などにもよく使われています。

では、この「曼荼羅マトリックス」を使って、野菜ジュースの新商品のアイデアを考えていきましょう。

図6をご覧ください。

まず、9つのブロックを作り、Y軸に「価格」の上下を設定し、X軸に「ユニークさ」の大小を設定します。そして、真ん中のブロックに既存の平均的な野菜ジュースを配置します。

さて、ここからがアイデア作りの始まりです。価格帯とユニークさを掛け合わせて、いろいろなパターンの商品を考えていきます。

事例として挙げた図9では、右上の最も価格が高くユニークな野菜ジュースとして、「1本3000円のブルゴーニュ産ホワトアスパラガス野菜ジュース」、その下に「辛味大根ジュース」「ケニア産トマトジュース」と続きます。

真ん中の列では、一番上に「野菜トップソムリエがプロデュースの野菜ジュース」、一番下に「白菜&ホウレンソウ&キャベツのジュース」が入っています。また、左の列では、上から「有機無農薬野菜ジュース」「にんじん&トマトジュース」「ベトナム産野菜ジュース」と続きます。

こうして作った曼荼羅マトリックスをとおして、アイデアを見比べ、購買層をどこに置くか、富裕層か一般消費者かを考えます。フレンチ好きな富裕層なら、3000

円でも価値があると思えば、お金を出すかもしれません。

でも、それでは販売数が限定されてしまいます。だとすれば、もう少し価格を下げて生産コストを見合う商品にするか等々、いろいろなことが考えられます。

このように図式化することで、新商品のイメージがより明確になり、幅も広がっていきます。1人で考えるより、チームで考えるほうがユニークなアイデアがわくでしょう。1人よりは2人、2人よりは3人の融合で、実現可能な商品開発の道が見えてくるのです。

さて、あなたなら、どんな新商品を作りたいと思いますか?

ぜひ、曼荼羅マトリックスを使って考えてみてください。

☆―「3つ」「3つ」「3つ」でモレなくマーケティングする

「曼荼羅マトリックス」に似た「3つ」「3つ」「3つ」のフレームワークの1つに、「区

〈図7〉ファッションにおける顧客層をマーケティングする

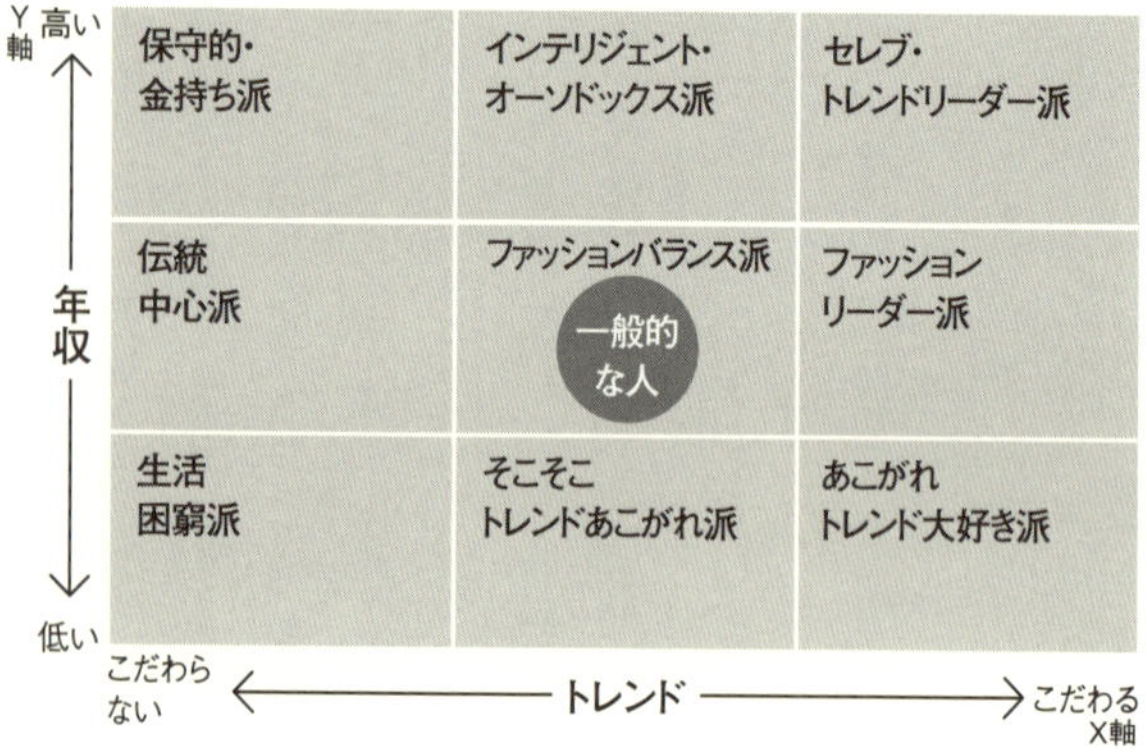

分法（セグメント法）」があります。これは1950年代後半に誕生したマーケティング手法で、各市場を分割・分類して特性に合った商品開発・販売を行うために使います。

このときの分類の数は9つ。4つでは少なすぎ、16では多すぎてまとまりがつかなくなります。やはり、「3つ」「3つ」「3つ」の9つで分類するのが一番わかりやすい。整理もしやすいため、よく9つのブロックを作って分類します。

ここでは事例を使って説明しますので、図7をご覧ください。

ある服飾メーカーが顧客層を分類して、どのターゲットに的を絞った商品開発をすべきか、会議をしたときの「区分法」です。Y軸に年収の高低を、X軸にトレンドへのこだわりの大小を置き、9つの顧客層を考えます。

すると、一番右上の年収が高く、トレンドにこだわる顧客層は、「セレブ・トレンドリーダー派」になり、その下が「ファッションリーダー派」「あこがれトレンド大好き派」と続きます。

真ん中の列には、上から「インテリジェント・オーソドックス派」一般的な人としての「ファッションバランス派」「そこそこトレンドあこがれ派」が続きます。

さらに左の列には、上から「保守的・金持ち派」「伝統中心派」「生活困窮派」が入ります。こうして顧客層を9つに分け、自社の強みと照らし合わせれば、どの層をターゲットに商品開発すべきかが見えてきます。

また、「商品・価格・プロモーション」と「顧客・競合他社商品・自社商品」といった3つずつのポイントを設定し、それぞれの課題を埋めていくという活用のしかたもあります。

このように「区分法」は、いろいろな場面で問題や課題を分類・整理するのに有効で、次に何をすべきかを発見するのに大いに役立ちます。仕事に限らず、プライベートでも活用できますので、ぜひ挑戦してみてください。

the magics of three

☆☆☆☆

第4章

「3つ」を使った文章は人の心を動かす

☆―文章に「3つ」を使うと、グンとわかりやすくなる

ビジネスパーソンなら、ビジネス文書や報告書、議事録などを書くのは日常茶飯事でしょう。

もしかして、ポイントを整理せずに、文章を羅列するように書いてはいませんか？ 議事録については、たとえ会議の流れのとおり記録していたとしても、読む人にとって、「何が問題なのか」「何を伝えようとしているのか」がわかりません。最後までダラダラと続く文章を読み、会議で何が議論されたのかを理解するのに時間がかかってしまいます。

そこで登場するのが、**「ロジックツリー」**です。この思考法は、文章を書くときに非常に役立ちます。

たとえば、**会議のとき、その日のテーマをボックスに書き入れます。そのボックスから3つに枝分かれさせ、それぞれのツリーに課題や問題点を書き入れます。そうするだけで、会議の内容が明確になりますし、それに沿って議事録を書けば、論点のはっきりした文章になります。**

特に、ビジネス文書は**シンプルさ**が肝心です。

「時は金なり」の言葉どおり、**スピード感が要求されるビジネスの世界で、意味のわかりにくい文章は嫌われます。**

そもそも文章を書くという行為は、相手があってこそ成り立つもの。相手に伝わらなければ意味がありません。

では、具体的にどのように書けばいいのでしょうか。

まず趣旨（結論）から入り、その次に3つの視点から、その結論の理由を書きます。具体的には、最初のボックスにテーマを書いて内容の大枠を示し、そこから枝分かれして3つのツリーを作り、理由を挙げていくのです。

詳細な記述が必要なときは、さらに枝分かれして3つのツリーを作り、補足説明を加えていきます。

たとえば「日本の食料自給率」というテーマのレポートを書くとしましょう。書き出しは、こんな感じです。

「2006年度の農水省報告によると、日本の食料自給率（カロリーベース）はわずか39％です。少しデータが古くなりますが、2003年度の先進諸国の食料自給率は、アメリカ128％、フランス122％、ドイツ84％、イギリス70％で、それに比べて、あまりにも低い。こうした現状をふまえ、日本は早急に食料自給率アップに取り組むべきです。その理由は3つあります。

①政変や異常気象などの不測の事態に備え、食料確保への対応が不可欠
②不作などで輸入量が激減した場合、野菜だけでなく加工食品などの高騰を招く
③農薬の量など、日本の安全基準を満たしているかどうか疑問があること

以上の理由により、日本の食料自給率をアップする政策を早急に図るべきだと思います」

このように**レポートの最初に現状と結論を持ってくると、文章全体の構成が見えてストンと理解しやすくなります。**実際にはもっと詳細な解説が必要になりますが、そのときは、集めたデータを活用して、**大切な要素を「3つ」「3つ」で構成するとわかりやすくなり、インパクトも強くなる**のです。

☆—起承転結のある文章にメリットはない

日本人は小学校で「作文を書くときは起承転結を大事に」と教えられるため、そのことが頭にこびりついているようです。けれども、それは作文や小説の世界の話。小説ならば話をおもしろくするために、途中でどんでん返しを入れ、「それで、次はどうなるのだろう？」と、読者を最後まで引きつける必要があります。

しかしながら、ビジネス文書でそれをやったら「なんなんだ、これは!?」と真意を疑われかねません。起承転結のうち、「起承」まではいいとしても、いきなり話が「転」じてしまったら、それまで読んできたことは何だったのか、とがっくりきてしまいます。スピードが要求されるビジネスの世界で「転」はじゃまなだけです。最後の「結」は必要ですが、「転」はやめましょう。

さらにビジネス文書の場合、「結」を最後に持っていくと、読むほうは全体の構成が最後まで見えず、理解するのに時間がかかります。

そこで、**ビジネス文書では「結」を最初に持ってくるのです。そうすることで、論点が明確になり、読むほうも理解しやすくなります。**

つまり、ビジネス文書では「起承転結」ではなく、「結起承」になるということです。これをしっかり頭に入れておきましょう。

☆イチローの「夢がかなう」作文力

ビジネス文書にかぎらず、うまい文章はシンプルなのに、インパクトがあります。

その典型ともいうべき文章が、アメリカで活躍中のプロ野球選手、イチローが小学六年生のときに書いた作文です。これを読むと、小学生ですでに自分の夢の実現に向けた行動を起こし、プロ野球選手になる決意を固めていたことがわかります（120ページ参照）。

この作文を読むと、**最初に「夢はプロ野球選手になること」と結論をはっきり書いています。**

そして、**その根拠として「子どもの頃から練習を始めたこと」「練習量」「大会での成績」の3つを挙げています。**

さらに目を見張るのは、希望する入団先も明確にしていることです。そのためには

✩ イチローの作文は「夢がかなう」典型だった

「夢」

ぼくの夢は、一流のプロ野球選手になることです。そのためには、中学、高校で全国大会へ出て、活躍しなければなりません。

活躍できるようになるには、練習が必要です。ぼくは、その練習にはじしんがあります。ぼくは３歳の時から練習を始めています。３才〜７才までは、半年位やっていましたが、３年生の時から今までは、３６５日中、３６０日は、はげしい練習をやっています。だから一週間中、友達と遊べる時間は、５時間〜６時間の間です。そんなに、練習をやっているんだから、必ずプロ野球の選手になれると思います。

そして、中学、高校でも活躍して高校を卒業してからプロに入団するつもりです。そしてその球団は、中日ドラゴンズか、西武ライオンズが夢です。ドラフト入団でけいやく金は、一億円以上が目標です。

ぼくがじしんのあるのは、投手と打げきです。去年の夏ぼくたちは、全国大会へいきました。そしてほとんどの投手を見てきましたが、自分が大会ナンバー１投手とかくしんできるほどです。打げきでは、県大会、４試合のうちに、ホームランを３本打ちました。そして、全体を通した打りつは、５割８分３りんでした。このように、自分でもなっとくのいくせいせきでした。そして、ぼくたちは、一年間まけ知らずで野球ができました。

だからこの、ちょうしで、これからもがんばります。

そして、ぼくが一流の選手になって試合にでれるようになったら、お世話になった人に、招待券をくばって、おうえんしてもらうのも夢の１つです。

とにかく一番大きな夢はプロ野球選手になることです。

（鈴木宣之『息子イチロー』／二見書房より抜粋）

「中学、高校で活躍すること」が必要だとプロセスを述べ、プロ野球選手になったら、「お世話になった人に、招待券をくばりたい」とまで書いています。

「結論」と「根拠」だけでなく、夢の達成に必要な「目標」まで設定しているのです。そして、この作文どおりにプロ野球選手となり、一億円プレイヤーをはるかに超えた花形選手になっているのです。

なんとすばらしい文章なのでしょうか。初めて読んだとき、心から感動しました。まさに、「3つ」「3つ」のロジックツリーを使った見本のような文章です。この作文には「どうやったらプロ野球選手になれるか」というHOWツリーが見事に活かされています。

イチロー選手は、子どもの頃から論理的思考力を持ち合わせていたということでしょう。

最近、話題になっているプロゴルファーの石川遼選手も、イチローに負けず劣らず、小学校の卒業文集ですばらしい文章を書いています。

全文を掲載できないのが残念ですが、「将来の自分」というタイトルで、中学から高校、二十歳になるまでの目標を書いています。そして「そのためには、みんなの二倍、一生懸命練習をやらないとだめです」と目標達成までのプロセスを述べ、若くしてアメリカのビッグトーナメントであるマスターズの優勝を宣言していますし、最後に「将来の夢はプロゴルファーの世界一だけど、世界一強くて、世界一好かれる選手になりたいです」と決意表明しています。

驚くべきことに、このとおりにプロへの道を歩んでいます。ほぼ目標どおり進んでいるといっていいでしょう。

イチロー選手と石川選手に共通しているのは、**漠然と夢を語っているのではなく、はっきりとした目標を設定し、その根拠も明確にしていることです。**

シンプルではあっても、具体的な根拠を列記することで、読む相手にも熱い思いが伝わってくるのです。

企画書で何の根拠も示さず、漠然と「販売数を2倍にする」とだけ書いても説得力に欠けるだけ。**シンプルでもインパクトのある文章を目指しましょう。**

☆—「議事録メモ」から文章力を分析する

シンプルでわかりやすい文章を書くには、「3つ」「3つ」で枝分かれするロジックツリーを活用すると、うまくいくことをお話ししました。この方法はどんな場合にも通用します。

たとえば、ビジネスに限らず、趣味やボランティアなどの世界でも会議はつきもの。書記に選ばれて議事録をとる機会も多いでしょう。

議事録は自分だけでなく、参加者はもちろん、会議に参加しなかった人たちにも見せるもの。単純に会議の内容を羅列しただけでは、議論になったポイントがわかりません。議事録もロジックツリーを活用すると、会議の内容が一目瞭然になります。

わが社にも新人コンサルタントが入社しますが、最初の仕事は議事録を作成することです。

たかが議事録、とバカにしてはいけません。議事録を作成することで、コンサルタントに必要な論理的思考法を学ぶことができるのです。

そこで、私は新人コンサルタントの議事録と先輩社員が書いた議事録とを見比べて、何がまずくて、わかりにくいのか、本人にレポートを書かせます。それもまたフレームワーク思考の訓練になるからです。

ここでは、新人コンサルタント自身が行った、ある日の議事録分析を紹介します。

つまり、新人コンサルタントとベテランコンサルタントが同じテーマ、会議で議事録をそれぞれ作成して、それを互いに比較するのです。それらを通して、わかりやすい文章とはどういうものか、自分で分析していくのです。

左ページの文章をご覧ください。

さて、これを読んでどう思われたでしょうか?

最初に論点を2つに絞ったのは、よしとしましょう。けれども、全体に冗長的で読

☆〈修正前〉新人コンサルタントの議事録分析レポート

<○月○日○○社の議事録メモ>
1)(先輩社員)Aさんの議事録メモとの違い
2)今後の取り組み方
　以上の要領で記述します。

1)Aさんの議事録メモとの違い

Aさんメモは、当プロジェクトのシナリオをきちんと押さえているところに違いがあります。○○社プロジェクトメンバー、各自が何の課題を持って本日のプレゼンテーションに挑んでいるかを把握し、各自の持つ重要なポイントを記述している。一方、私のメモは、発言の事実を単に拾っています。メンバーの2人目、3人目のプレゼンを経て、多少、どのようなプレゼンテーションの目的を持っているかを想定できるようになりました。

しかし、指摘される課題となるポイントの先を想定することがきちんとできないため、表やグラフのコメントを音声のみで追いかけることになった結果が現れています。たとえば、Aさんのメモでは、あるグラフにて指摘される必要な軸の設定の具体名まで、記述できていますが、私のメモでは、軸の設定に触れている記述はあっても具体名をこぼしたりしています。

また、協力企業、取引先企業を含めた具体的な固有名詞を聞いても、正確にすべて記述できなかった企業名もあり、基本的な業界知識、動向知識にも差があります。Aさんメモは書体の体裁についても簡単な図形を活用し、読む人の立場で見やすさに配慮しています。私はまずたくさんの情報量を把握するよう努力しましたが、Aさんメモでは、すべてのコメントは書かれてはいないのですが、メモを読むことで全体の流れをつかむことができます。

2)今後の取り組み方

発言者の言いたいこと、本質を捉えるように心がけます。具体的には、いきなり発言する場合を除き、ある質問に対して、回答者が回答するため、質問は何か、そして答えるべき回答のポイントが何になるべきなのかをその都度、意識しながら聞くことが重要であると考えます。ただ、できる限り情報量を増やすことが今、大切であるため、「耳」と「手」と「頭」を同時に動かす訓練を大量にします。理屈ではなく、これらのスキルはある一定以上の「量」をクリアすることが大事だと思います。

1)でも書きましたが、会議及び記録をとるビジネスシーンの全体像を事前に把握することが可能であるならば、当然、全体の流れを事前に理解し、議論のポイントとなりそうな部分を予測することを心がけます。PCのタイピングの速さだけが問題ではないですが、速いに越したことはないため、念願だったバッテリー駆動時間の長いレッツノートとVISTAに早く慣れるよう心がけたいと思います。

☆〈修正後〉新人コンサルタントの議事録分析レポート

<よい議事録を作成するための課題>

○○社の議事録作成でAさんの議事録と自分のものを比較した。現状の問題点を抽出した後、今後の取組み課題を挙げた。

[現状の課題]

Aさんのメモと比較して、私のメモは「わかりにくい」と言える。そこで、「わかりにくい」ポイントを大きく3つ挙げた。

1.全体の構成が一目でわかりにくいこと。
- 全体の構成が時間の経過に沿って記録しているだけなので、読み手が要点やその根拠を理解しにくい。
- 簡単な図表や記号、インデントを挿入し、読み手が理解しやすい工夫をしていない。
- それぞれの発言の「つながり」が不明瞭で、読み手が全体の流れをつかみにくい。

2.センテンス(=一文)それぞれに統一感がなく理解しにくいこと。
- 発言をそのまま記録しているので、無駄な言葉が多くわかりにくい。
- センテンスの主語、述部が不明瞭なため、読み手が趣旨を理解しにくい。
- それぞれのセンテンスの関係が不明瞭な箇所があり、理解しにくい。

3.発言者の語句を正確に記録できず、読み手が理解しにくいこと。
- 発言者が論点を深く掘り下げた際の重要なキーワードを漏らしているので、読み手が結論を理解しにくい。
- 技術名、製品名の略称を正確に記録していないので、読み手が理解しにくい。
- 企業/業界内で日常使う言葉を正確に理解せず記述しているため、読み手に負担をかけている。

[取組み課題]

上記の1.2.3.の問題点を改善し、読み手の立場に立った、会議後に活用できる議事録を作成するための課題を大きく3つのポイント(以下、4.5.6.)として挙げた。

1.良い議事録作成のための「技術」を向上させること。
- 意見の本質を捉え、無駄な言葉をそぎ落とすこと。
- 質問者の後に回答すべき内容をその都度、事前に予測すること。
- 全体の流れ、構成を、図、記号などを活用して読み手にわかりやすく表現すること。

2.良い議事録作成のための「知識」を身につけること。
- プロジェクト、プログラムの内容、流れを理解し、各パートの目的をつかんでおくこと。
- クライアント企業が独自に使う言葉をいち早く自分のものとして理解しておくこと。
- 業界用語・専門用語を事前に、できるだけ自分の中で定着させておくこと。

3.良い議事録作成のための「意識」を改革しておくこと。
- プロジェクト、プログラム全体の中で議事録の重要性と目的を常に確認しておくこと。
- 議事録の読み手が何を求めているか理解しておくこと。
- 議事録取りのスキルを自分のコンサルタント成長ロードマップ上で重要なステップに位置づけておくこと。(終)

むのに時間がかかりすぎます。もっと見やすいメモになるはずです。

次に、同じ議事録メモを読みやすく書き直したものを見てみましょう（右ページ参照）。

議事録メモの分析について、修正前と修正後のレポートを読み比べてみて、どちらが理解しやすかったでしょうか。

もちろん、後者のほうがわかりやすかったと思います。

何が違うかといえば、**まずタイトルを「よい議事録を作成するための課題」とはっきり明記していること。そして全体の構成を「現状の課題」と「取組み課題」の2つの項目に分け、それぞれを3つのポイントに分類し、さらに3つずつポイントを挙げて問題点を整理していることです。**

どうです？　ロジックツリーの「3つ」「3つ」を活かして書かれていることが、よく理解できたでしょう。見た目にもスマートさがにじみ出ています。

このようにロジックツリーで文章を構成すると、とてもわかりやすいレポートになるのです。

☆―「3つ」を使うとメールは変身する！

前述したように、どんなに短い文章でも、思いつくままに書くのではなく、「3つ」「3つ」に枝分かれするロジックツリーを使って、分類・整理して書きましょう。それだけで格段に読みやすくなります。

この方法は小論文や作文、報告書、手紙など、何にでも応用できるのがミソ。ボックスを作って全体の構成を考え、「3つ」にポイントを分けて、文章を書いていくのです。

小論文や報告書などは箇条書きにしてもいいでしょう。むしろ、そのほうが視覚的にわかりやすくなります。

手紙の場合は箇条書きというわけにはいきませんが、文章の構成をロジックツリーで考え、段落ごとにポイントを整理するもよし。そうすれば、話題があちこちに飛んで読みにくい、なんてことはなくなるはずです。特にメールの文章は、ポイントを押さえた書き方が求められます。シンプルで端的なメールが理想です。

ひとつ事例を挙げてみましょう。130ページのメールを読み比べてみてください。私がある編集者から執筆を依頼されたときの実際のメールです（少しだけ手を入れています）。

修正前のメール（上）のように、長々と文章を綴《つづ》られると読みづらく、何をいいたいのかわかりにくくなります。大事なポイントを見落としてしまう可能性もあります。一方、もっとわかりやすくするために、ロジックツリーを使って書き直してみたのが、修正後のメール（下）です。

修正前と修正後の原稿依頼メールを比べてください。どちらがわかりやすい依頼文になっているかは一目瞭然でしょう。

メールの最初に原稿依頼であることを明記し、その詳細を3つのポイントに分けて説明するのです。メールの場合、箇条書きにしたほうが読みやすくなることを覚えて

☆「原稿依頼メール」を比較しよう

【〈修正前〉原稿依頼のメール】

野口様
はじめまして。私は○○社でビジネス系の雑誌「△△」の編集をしているSと申します。弊誌のコラム「いまさら聞けないビジネスのイロハ」を担当しています。ある方に野口さんを推薦していただきました。コラムの目的・内容や執筆していただきたいテーマを書いておきますので、メールでも電話でも構いませんので、まず引き受けてくださるかどうか連絡いただけないでしょうか。

引き受けてくださるなら改めてあいさつさせていただく時間をつくってください。

ビジネスマンとして知っておきたい経営の基本を専門家にわかりやすく解説していただくのがコラムの目的・内容です。野口さんの得意とする分野で執筆していただきたいのですが、どのようなテーマで書いていただけそうですか。

原稿は全5回で、1回あたりの文字数は12字×100行。各回とも原稿に関連する図表を用意していただきます。締め切りは○月○日です。


【〈修正後〉原稿依頼のメール】

野口様
はじめまして。私は○○社でビジネス系の雑誌「△△」の編集をしているSと申します。突然のメールで失礼とは存じますが、弊誌のコラムで野口さんに原稿をお願いしたいと思っております。以下に詳細を記載いたしますので、ご検討いただけないでしょうか。

1)執筆予定雑誌について
　◎掲載誌:月刊「△△」　○○万部／月
　◎読者対象:中間管理職層
　◎掲載誌の特徴:わかりやすさがキャッチフレーズのビジネス雑誌

2)執筆予定コラムについて
　◎コラム名:「いまさら聞けないビジネスのイロハ」
　◎テーマ:ビジネスマンとして知っておきたい経営の基本
　◎内容:野口さんの専門分野を中心にビジネスマンに役立つ知識・情報をわかりやすく解説

3)原稿量と締切
　◎原稿量:12字×100行(全5回)
　◎各回とも図表を添付
　◎締切:毎月○日(初回は○月○日)

　以上のような内容になりますが、お引き受けいただけるようでしたら、改めて5回分の原稿内容について、ご相談させていただきたいと思っております。

　私の連絡先は以下のとおりです。
○○社「△△」編集部担当S
電話××ー××××
どうぞよろしくお願いいたします。

おいてください。

☆—上司にYESといわせる企画書とは

ビジネスパーソンなら企画書を書くのも仕事の1つです。何度提出しても上司がイエスといわないなら、いわせる企画を書きましょう。

企画書というのは、いってみれば相手に対するラブレターのようなもの。自分軸ではなく、相手軸で書くことが大事です。

最近、パワーポイントを使って、見てくれのいい企画書を作成する人が増えています。けれども、その多くは自社のカタログやパンフレットをパワーポイントに落とし込んでいるだけ。すなわち、自分軸で企画書を作っているにすぎません。自己満足的な企画書といってもいいでしょう。自分のことだけ自慢げにアピールされても、相手は食傷気味になるだけです。

突然ですが、あなたはラブレターを書いたことがありますか？　あるならば、どんな内容にしたのでしょうか。自分のことだけを書きましたか？

初々しかった頃のことを思い出してください。「キミの笑顔が忘れられない」「優しいところが好きだ」等々、相手のどこが好きなのか、相手がどれほどすばらしいかを書いたのではないでしょうか。自分の自慢ばかりが書いてあるラブレターを渡しても、相手は「なんだ、これ？」と思って、いい気持ちはしないはずです。

企画書もラブレターと同じ。**相手のことを思い、つき合うといいことがあると感じさせることが重要なのです。**

よく「企画提案型営業」という言葉を聞きますが、わが社ではあえて「仮説提案型営業」という表現を使います。一方的にこちらがアイデアを練って企画書を提出するのではなく、顧客と一緒になって考える。つまり、顧客にとっての利益（ベネフィット）を意識しながら、いくつかの仮説を立て、共同作業として営業活動をするというものです。顧客との面談をとおして問題点を探り、相手が納得する企画書を作成する。そうやって完成した企画提案書は、すでにオーケーが出ているのと同じで、確認書ともいえるのです。

そして、実際に企画書を作る際には、結論を最初に明記してロジックツリーでポイントを列記していきます。そのときに使うのが、95ページでご紹介したロジックツリー「WHYツリー」「HOWツリー」「WHATツリー」の3つです。

たとえば、**「WHYツリー」**で、**「なぜこの企画書が必要なのか」**を説明し、次に**「WHATツリー」**で**「企画の内容は何なのか」**を説明します。

そして、「HOWツリー」で「どのような実行プランがいいのか」を提起するのです。

相手軸に立った内容で、わかりやすい企画書を作成する。そうすれば、上司にYESといわせることができ、確実に受注につながっていくでしょう。

☆─訴える力が凝縮している「三行ラブレター」

ラブレターにも、長い文章、短い文章といろいろありますが、日本語文章能力検定協会では毎年、バレンタインデーやホワイトデーに向けて、3行60字以内で愛を伝える「心に響く三行ラブレター」を募集しています。

受賞した作品を読むと、長い文章より短い文章のほうが、はるかに胸に迫るものが多いことがわかります。いくつか紹介してみましょう。

六十二年一緒に暮らしたのに今は天と地球で別々に
星を見てお休みと言ったけど
返事あった様な　なかった様な　アンタ耳遠かったもんネ
（84歳・女性・自営業）

朝おきて、誰もいない台所に
ポツンと置いてある、まだ温かいお弁当。
もう少し早く起きたら、ありがとうと言えたのに。
(17歳・男性・学生)

慣れない手つきで孫をあやす父の横顔を見て
私もこんな風に愛されていたのだと知り、
涙が止まらなかった。お父さん、ありがとう
(28歳・女性・会社員)

もしも人間に尻尾があったら
ちょっと恥ずかしい
君と一緒だと、いつも振ってしまいそうだから

（51歳・男性・会社員）

佐賀弁はなんでん三回くり返すとさい。
そいけん「好いと？好いと？好いと？」っち
ビューービューーで風の吹く日に言うたさい。
（50歳・男性・自営業）

妻よ、誤解するなかれ。
愛情は、冷めたのではない。
固まったのである。
（40歳・男性・公務員）

三行ラブレター、あなたも挑戦してみませんか。
思いを短く表現する訓練には打ってつけですよ。

the magics of three

☆☆☆☆☆

第5章
「3つ」を使ったプレゼンはインパクトが10倍増！

☆―プレゼンテーションがうまい人、下手な人

プレゼンテーションがうまい人といえば、冒頭でも取り上げたアメリカのオバマ大統領でしょう。彼の演説に感動し、鼓舞されたアメリカ人が彼を大統領にしたのです。

日本でも、オバマ大統領の演説が収録されているＣＤが飛ぶように売れました。

オバマ大統領に限らず、アメリカには演説のうまい人が多く存在します。ケネディ元大統領しかり、キング牧師しかり。演説がうまいというのは、プレゼンテーションがうまいということです。だから、人々がついてくるのです。

では、プレゼンテーションのうまい人に共通しているものは何でしょうか。

その特徴をまとめると、次のようになります。

①相手の立場に立っている

②自分のポリシーが明確である
③全体的に論理的でシナリオ性がある
④ウソがなく正直である
⑤わかりやすい言葉で、目的がはっきりしている
⑥情熱・エネルギーを感じる
⑦身振り・手振りがあり、リズムがある
⑧ジョークがうまい
⑨話題が豊富
⑩情報収集がしっかりしている

この中で、特に①～⑤は必須項目といっていいでしょう。

アメリカの政治家にプレゼンテーションの上手な人が多いのに比べて、日本の政治家ははっきりいって下手です。歴代の首相をみてもプレゼンテーション力のあった政治家は、小泉純一郎元首相、橋本龍太郎元首相、吉田茂元首相ぐらいしか思い浮かび

ません。

前述した①〜⑤の項目を満たしている政治家がどれくらいいるでしょうか。むしろ、満たしていない政治家のほうが多いように思います。

そう考えると、日本の首相の大半は、「相手の立場に立ってない」「自分のポリシーが曖昧」「非論理的でシナリオ性がない」「ウソっぽく正直でない」「わかりにくい言葉を連発する人」ということになります。言い換えれば、プレゼンテーションの下手な人ということです。

口先だけのパフォーマンスが派手な政治家も困りますが、一国の首相として国民に説明責任（＝プレゼンテーション）できないというのは、なんとも情けない話です。

☆―プレゼンの達人が身につけている3つのスキル

アメリカのオバマ大統領のように、プレゼンテーションのうまい人というのは、相手の立場に立ち、自分のポリシーを持っている。シナリオ性にもたけていて、正直でわかりやすい言葉で話せる人のことです。

では、こういう人たちに共通するスキルとは、どのようなものなのでしょうか?

そのスキルは大きく3つあります。

①**プレゼンス**：その人の存在そのもの。存在感のある人には、エネルギーや情熱、思いやポリシーといった全人格的な要素が備わっている。

②**シナリオ・スキル**：相手の立場に立って客観的にいいたいことを組み立て、伝わりやすいようにシナリオ化する能力・技術のこと。

③**デリバリー・スキル**：伝える能力・技術のこと。一方的に話すのではなく、相手に自分の思いやいいたいことを届けるという意味があり、発声やジョーク、姿勢

やパワーポイントの使い方まで含まれる。

以上の3つがプレゼンテーションのうまい人に共通するスキルですが、1つめの「プレゼンス」がない人は、残念ながら訴える力が弱いといえます。反対に「プレゼンス」がある人は、「シナリオ・スキル」と「デリバリー・スキル」があまりなくても、存在感だけでアピール力があります。

たとえば、第1章でも登場したマザー・テレサは極端にいえば、何も語らなくても、その姿だけで訴えかけるパワーがあります。それは彼女のポリシーや情熱、行動力といったものが、言葉以上のオーラを放っていたからでしょう。

しかも、彼女が語りかける言葉は、常に相手軸に立っていました。さらに、わかりやすい言葉で率直に話しかけています。だから、どんな人の心にも響いたのだと思います。

いくらペラペラとよどみなく話ができたとしても、「プレゼンス」が感じられなければ、口先だけの人と思われてしまいます。「プレゼンス」はその人自身の生き様といっても過言ではなく、一朝一夕で身につくものではありません。

2つめの「シナリオ・スキル」は、論理的思考力が身についていれば、それほど難しいことではありません。そう、問題は話の組み立て（＝構成）をどうするか、なのです。30秒しか時間がないときでも、1時間の講演のときでも、**全体の構成に必要なのは、「総論」「各論」「結論」の3つ。これをきっちり組み立てるだけで、話がわかりやすくなります。**

まず、総論で何を話したいのかを伝え、各論で「たとえば」「なぜなら」という言葉を入れ、具体例を挙げていきます。ここで聴いている人に「ああ、なるほど」と共感を持ってもらえれば、しめたもの。あなたの話にスーッと引き込まれていきます。そして、結論で今後の展望をポジティブな言葉で締めくくるのです。

たとえば、HRインスティテュートの企業理念についてプレゼンテーションすると、次のようになります。

「弊社の企業理念をひと言でいうと、『主体性を挽き出す』ということです。
その主体性には3つあります。1つは自分のため、2つめが人のため、そして3つめが人々のため、です。
つまり、個人・チーム・組織の可能性を挽き出すことで、社会を変えるということです。そう、私たちのミッションは、それらを支援することなのです」

このように3つの組み立てを考えれば、プレゼンテーションで、しどろもどろにならずにすみますし、いいたいことも伝わるはずです。

3つめのデリバリー・スキルですが、これはコミュニケーション力と言い換えることができます。棒読みで淡々と話をするよりは、身振り手振りを加え、声の大きさを変えることで印象はガラリと変わります。

なお、その場の空気を読まず、自分のいいたいことだけ話すのはNG。それは相手軸ではなく、自分軸だけで話をしていることになります。相手が耳を傾けてくれないなら、プレゼンテーションは失敗です。相手の興味を引くような話を導入に持ってくるなど、工夫が必要になります。

☆―「伝える」と「伝わる」はまったく違う

コミュニケーションは、相手と意思を通じ合わせることをいいます。つまり、自分の思いを伝えると同時に、相手の気持ちを受け止め、言葉のキャッチボールをするということです。

ここで大事なのは、**「伝える」と「伝わる」は違う**ということです。一見同じように思えますが、実は月とスッポンほどの違いがあります。

「伝える」は一方的に流す館内放送のようなものです。相手が聴いているかどうかは関係ありません。とにかく情報を伝えているだけです。

それに対し、「伝わる」は相手にこちらの言葉がきちんと届いていることを意味します。声の大きさや身振り、話のうまさなどの「デリバリー・スキル」は、「伝わる」ことを手助けする技術のことです。もうおわかりですね。**プレゼンテーションに必要なのは「伝える」ではなく、「伝わる」ということです。**

「相手に納得してもらい、私の考えに同意し、決断して実行にうつしてもらう」これが私たちの考えるプレゼンテーションの定義です。コンサルタントの仕事は相手に納得してもらわないことには始まりません。そのためには「伝わる」ことが必要なのです。

☆—「伝わる人」が使っている、心に響く話し方

この「伝わる」ための手法として、「ストーリーテリング」と「ナラティブ」があ

ります。**前者の「ストーリーテリング」は「共感性と納得感のある話し方」のこと。**

最近は日本の企業でも「ストーリーテリング」が注目を集めています。

たとえば、社長が社員に向けて話をするときに、一方的な訓辞や説教では社員の心に響いてきません。心に響かせるためには、共感してもらう必要があります。

企業の理念や目標をお題目のように唱えるのではなく、会社の歴史や社会の中での存在意義などを失敗談や成功談を交えながら、心をこめて話すのです。

そうすると、イキイキとしたストーリーとなり、社員の心に響く共感性と納得感が生まれます。これが「ストーリーテリング」です。


一方、「ナラティブ」というのは、直訳すると「物語のようにインスピレーションがわく話し方」をいいます。話の中にナラティブなセンテンスを入れると、共感性を呼び覚ます効果があります。たとえば、次の文章を読み比べてみてください。

A：夫が亡くなりました。その後、妻が亡くなりました。

B：夫が亡くなりました。悲しみのあまり、妻もなくなりました。

どうですか？　同じ事実を語っているにもかかわらず、受ける印象はまったく違います。「悲しみのあまり」という言葉を入れるだけで、感情移入ができるのです。これこそが「ナラティブ」という手法なのです。

「ストーリーテリング」の中に、この「ナラティブ」なセンテンスを挿入したシナリオを作り、それをデリバリーする。そうすると、「伝える」ではなく「伝わる」プレゼンテーションになるのです。

☆―言葉のヒゲを取ると「伝わる力」がアップする

会議や営業相手に話をするとき、「3つ」「3つ」でロジックツリーを作り、共感性と納得感を持たせることができれば、プレゼンテーションは成功したも同然です。

しかしながら、話し方がオドオドしたり、目の焦点が合っていなかったりすると、「企画の中身はいいけれど、なんだか頼りなさそうだ」と思われてしまいます。

そこで、デリバリー・スキルをアップさせる、簡単な方法をお教えしましょう。

私たちはこれを**「言葉のヒゲ退治」**と呼んでいます。

言葉のヒゲとは、話の途中に入る「えー」「あのー」「まぁ」「そのー」という、思わず口からついて出てしまう間投詞のこと。大平元首相の「あーうー」のような**言葉のヒゲが多いと話がとぎれてしまい、聞きづらいうえに、「結局、何がいいたかったの？」ということになりかねません。**

けれども、**このヒゲをなくすだけで、自信ありげに聞こえるから不思議です。**

では早速、ヒゲ退治の方法を伝授します。これは1人でもできますから、思いついたときにやってみましょう。

まず、目についたもの、思いついたものをテーマに、プレゼンテーションするつもりで話してみます。
たとえば、サッカーワールドカップというテーマにします。

「私は、ワールドカップで日本がベスト8に入るのは当面無理だと思います。その理由は3つあります。1つは、決定力不足です。これまでも……。2つめはハングリー精神の欠如です。予選突破への……。3つめは……。つまり、日本のサッカーはまだまだ……なのです」

いかがでしょうか。
このとき、話の間に「えー」「あのー」「まぁ」「そのー」と入ったら、終わり。もう1回挑戦します。こうして、テーマを変えて何度も練習します。ヒゲが出そうになったら、ひと呼吸置く。これをくり返します。

慣れてくると、なぜか姿勢もよくなり、一文も短くなります。目も定まってキョロキョロしなくなり、体も揺れなければ、いいたいこともスムーズに出てくるようになります。

1人でなくても、同僚と2人、あるいはチームでやるともっと効果が出てきます。

テーマも「私の失敗談」「私の初恋」といった身近なものから、「売上アップの秘訣」といった仕事上のテーマまで、何でもオーケー。30秒と時間を決めて、その間に何回ヒゲが出てきたかを数え、なぜヒゲが出てきたのか、その原因を考えます。

こうして回数をこなしていくうちに、すっかりヒゲがなくなります。ヒゲがなくなると、自分をコントロールすることができるようになります。そうすると、プレゼンテーションも格段によくなるのです。

騙《だま》されたと思って、一度やってみてください。結構おもしろくて、やみつきになりますよ。

コツは「腹式呼吸」です。ヒゲが出そうになったら、ぐっと腹式呼吸で抑え込んでみてください。

呼吸、精神、言葉がつながっていることが体感できる瞬間でもあります。

☆—スピーチでインパクトを与える方法

スピーチやプレゼンテーションの下手な人の多くは、内容が抽象的で、話が長く、結論が見えないという共通点があります。

これでは説得力に欠け、共感を得ることはできません。結婚式の披露宴で、長々と話をする人に耳を傾ける人がいないのはそのせいです。

では、これらをなくすにはどうしたらいいのでしょうか？

そのためには「ＰＲＥＰ法」をマスターすることをおすすめします。ＰＲＥＰは次の単語の頭文字をとったものです。

P＝POINT（ポイント・結論）

R＝REASON（理由）

E＝EXAMPLE（事例）
P＝POINT（ポイント・結論）

結論・理由・事例の3つで話を構成し、最後にもう一度、結論をくり返す。つまり、結論を最初にポンといい、次にその理由を述べ、具体例をいくつか挙げて説得力を持たせます。そして、最後のだめ押しで、もう一度、結論をくり返すのです。

この最後のくり返しが説得力を生み、効果は倍増！ 10倍ものインパクトになるというわけです。

たとえば、こんな具合に使います。

好きな人に愛の告白をするとき。


「僕はあなたのことが好きです。つき合ってください。

あなたに初めて会ったときから、その笑顔が忘れられないのです。

あなたは職場ではムードメーカーで、人を明るくしてくれます。気配りがあって、落ち込んでいる人には優しく声をかけてくれます。誰にでも分け隔てなく接してくれます。そんなあなたのことをとてもステキだと思います。

だから、僕とつき合ってください」

最初にズバッと「好きです。つき合ってほしい」と伝え、彼女を好きになった理由を具体的に話し、そして最後にまた「つき合ってほしい」とだめ押しする。これで愛が成就するかどうかはあなたの魅力次第ですが、「伝わる」技術としては十分でしょう。

☆——2分間スピーチで「伝わる」技術を磨く

HRインスティテュートでは、企業のコンサルティングだけでなく、社員研修としてさまざまなプログラムを行っています。その中にはプレゼンテーション力をアップ

〈図8〉 2分間で企業紹介のスピーチをしよう

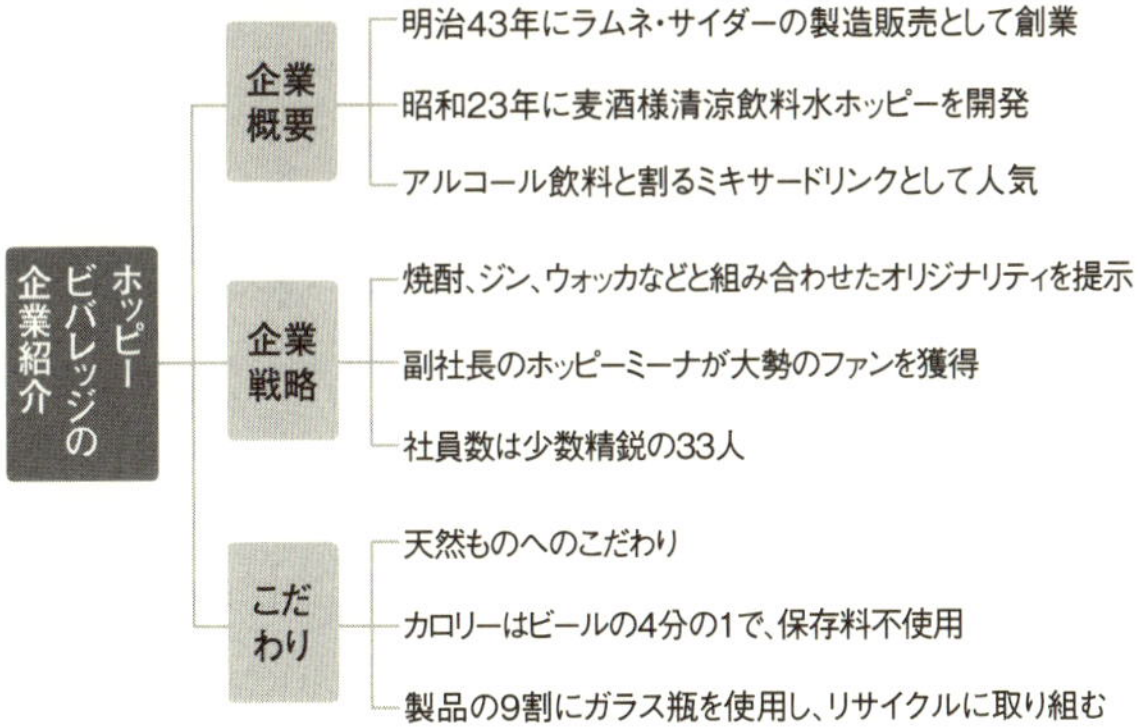
ホッピービバレッジの企業紹介
企業概要
明治43年にラムネ・サイダーの製造販売として創業
昭和23年に麦酒様清涼飲料水ホッピーを開発
アルコール飲料と割るミキサードリンクとして人気
企業戦略
焼酎、ジン、ウォッカなどと組み合わせたオリジナリティを提示
副社長のホッピーミーナが大勢のファンを獲得
社員数は少数精鋭の33人
こだわり
天然ものへのこだわり
カロリーはビールの4分の1で、保存料不使用
製品の9割にガラス瓶を使用し、リサイクルに取り組む

するものもありますが、トレーニングの1つとして企業紹介スピーチをやります。これはプレゼンテーションの基本を身につけるために、企業の特徴を2分間にまとめて話すという訓練です。ベストプラクティス・スピーチ（通称：ベスプラ・スピーチ）といっています。

具体例を挙げてみましょう。

ホッピービバレッジという企業紹介のスピーチをするとします。

まずは、第3章でお話ししたロジックツリーを図8のように作ります。

作り方は前述しているので、ここでは割

愛しますが、155ページの図のように作成したら、以下のようにスピーチをします。

ホッピービバレッジという会社はとてもユニークな会社です。

その理由は3つあります。

1つめは企業概要です。創業は明治43年。当初はラムネ・サイダーの製造販売をしていた会社ですが、昭和23年に麦酒様清涼飲料水ホッピーを開発し、発売以来、アルコール飲料と割って飲むミキサードリンクとして親しまれています。

2つめは企業戦略です。本格焼酎、ジン、ウォッカなどと組み合わせたオリジナリティを提示し、独自のホッピー・ブランドを確立。さらにサワー、コアップ・ガラナ、地ビールなど横展開で新商品を開発・販売しています。また、副社長でホッピー3代目跡取り娘のホッピーミーナを広告塔に幅広いファンを獲得しています。しかも、社員数は少数精鋭の33人です。

3つめはこだわりです。天然ものへのこだわり。ホッピーの開発には本物のホップを入手するまで着手しなかった歴史がありました。さらにキレイな赤い色の地ビールには紫芋を使用しています。また、ホッピーはビールの4分の1のカロリーしかなく、糖質は1・7g。プリン体も含まれず、保存料も使っていません。環境へのこだわりとして、ホッピー製品の9割にガラス瓶を使用し、リサイクルしています。

つまり、ホッピービバレッジをひと言でいうと、

「伝統と革新がクロスしたニッチャーカンパニー」

ということができます。

この企業紹介（ベスプラ）スピーチをやると、プレゼンテーションの勉強になるだけではありません。論理的思考力の養成や企業戦略分析にもなり、一石三鳥の効果があります。自分が所属する会社だけでなく、興味のある会社をテーマに、企業紹介スピーチをやってみると、いいトレーニングになるでしょう。

☆「3つ」にこだわったプレゼン演習

前項目でロジックツリーを活用した（ベスプラ）スピーチについてお話ししましたが、さらに一歩進んで、プレゼンテーションの練習もしてみましょう。

プレゼンテーションはスピーチに比べて結果を求められるものですから、責任がともないます。その分、難易度も増すといえるでしょう。

プレゼンテーションに求められるスキルには、「プレゼンス」「シナリオ・スキル」「デリバリー・スキル」の3つがあることはお話ししたとおりです。

この3つのスキルのうち、「プレゼンス」を短時間で養うことはできませんが、「シナリオ・スキル」と「デリバリー・スキル」は練習を重ねるほどに、上達させることができます。基本となるロジックツリーさえきちんと作れるようになれば、あとは「3つ」「3つ」で話をするだけで、説得力がぐんと増すのです。

〈図9〉 演習①
「日本の魅力」を３分間でプレゼンする

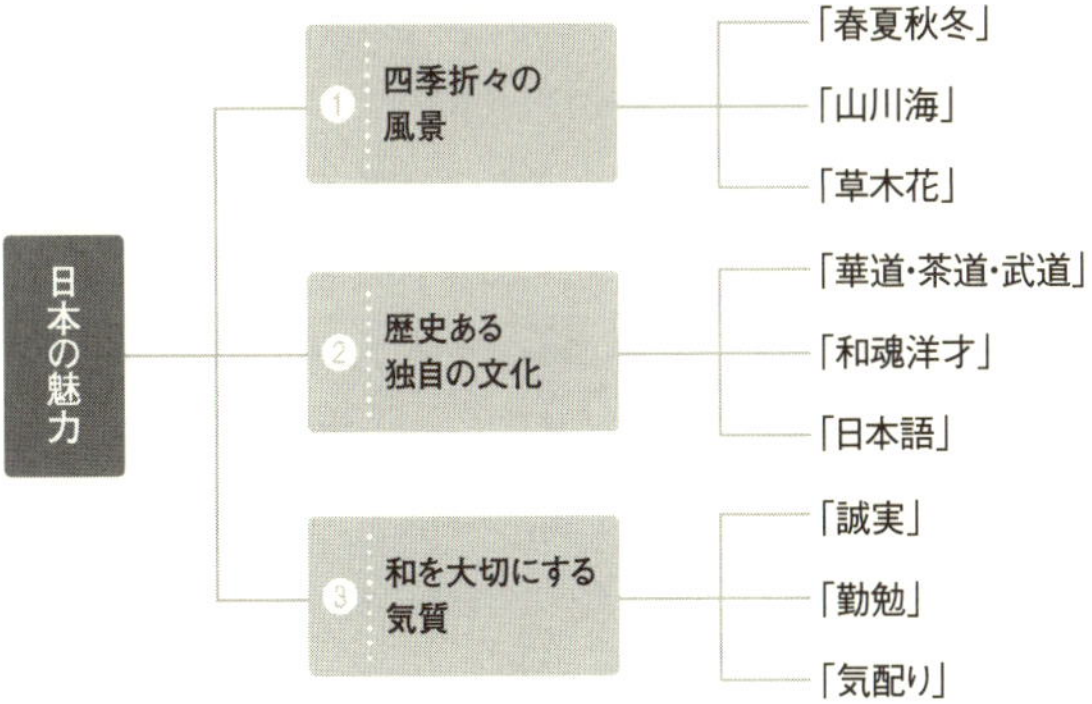

【演習１】「日本の魅力」を３分間でスピーチしよう

まずは考えをまとめるため、「日本の魅力」をテーマに、ロジックツリーを作ります（図９参照）。最初のボックスに入るのが「日本の魅力」です。そこから枝分かれした３つの要素として、①四季折々の風景、②歴史ある独自の文化、③和を大切にする気質、を考えたとします。

さらに肉付けするために、①からの枝分かれを「春夏秋冬」「山川海」「草木花」、②からは「華道・茶道・武道」「和魂洋才」

〈図10〉 演習②
面接での自己アピールを2分間で行う

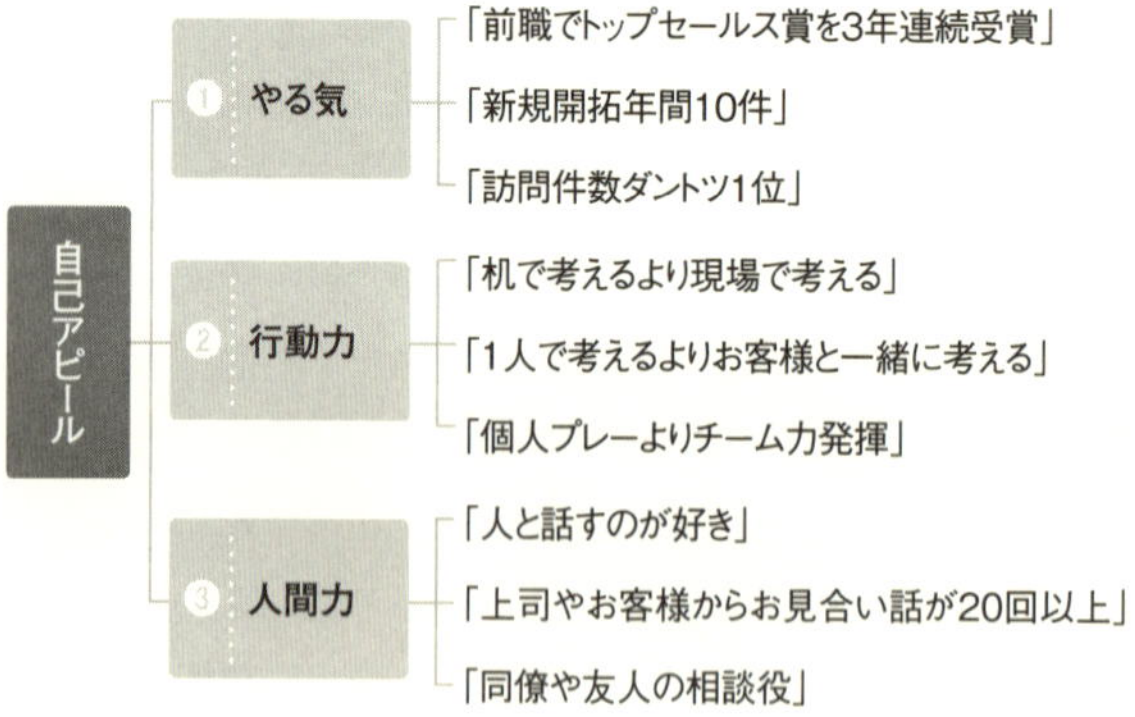
自己アピール
①やる気
「前職でトップセールス賞を3年連続受賞」
「新規開拓年間10件」
「訪問件数ダントツ1位」
②行動力
「机で考えるより現場で考える」
「1人で考えるよりお客様と一緒に考える」
「個人プレーよりチーム力発揮」
③人間力
「人と話すのが好き」
「上司やお客様からお見合い話が20回以上」
「同僚や友人の相談役」

「日本語」、③から「誠実」「勤勉」「気配り」としていきます。ロジックツリーができたら、「3つ」「3つ」で話をし、最後のまとめとして「つまり、日本の魅力は風景・文化・気質の三位一体の国といえるのです」と本質を突いた言葉で締めくくります。

【演習2】面接での自己アピールを2分間で行う

ここでは出版社の営業担当に求職すると仮定して、「自己アピール」のロジックツリーを作ります（図10参照）。

ツリーを構成する3つの要素に、①やる

〈図11〉 演習③
新商品を店頭で販売する 「ジャパネットたかた」の場合

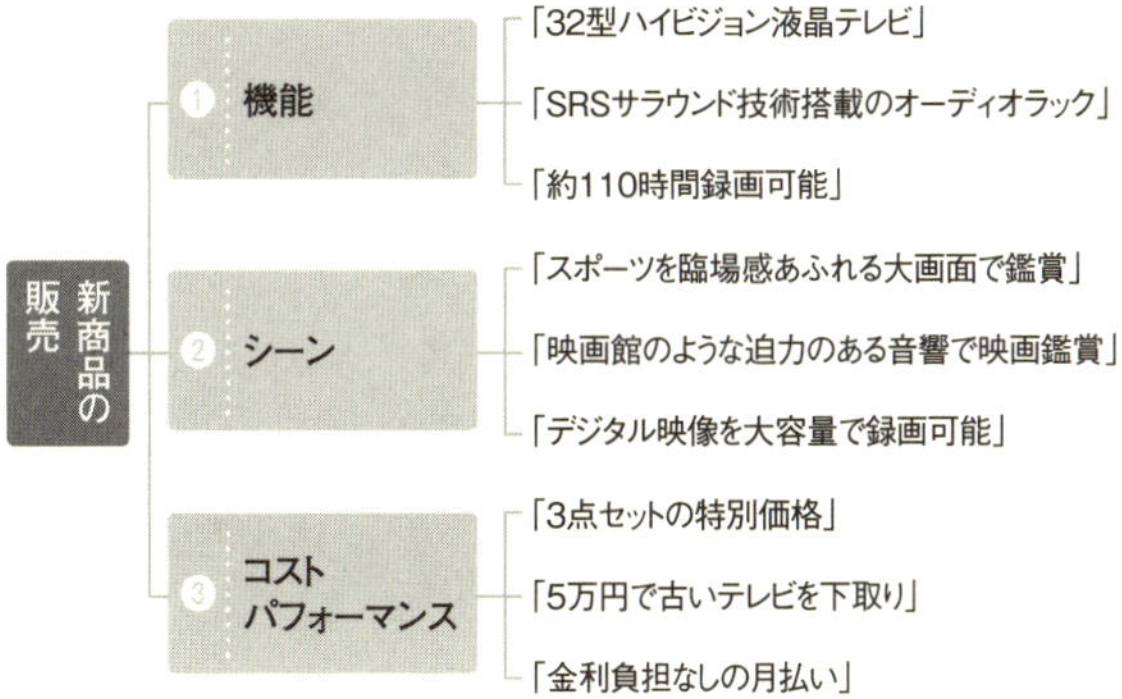
新商品の販売
①機能
「32型ハイビジョン液晶テレビ」
「SRSサラウンド技術搭載のオーディオラック」
「約110時間録画可能」
②シーン
「スポーツを臨場感あふれる大画面で鑑賞」
「映画館のような迫力のある音響で映画鑑賞」
「デジタル映像を大容量で録画可能」
③コスト パフォーマンス
「3点セットの特別価格」
「5万円で古いテレビを下取り」
「金利負担なしの月払い」

気、②行動力、③人間力、と入れたとします。そこから具体的に肉付けするために、①には「前職でトップセールス賞を3年連続受賞」「新規開拓年間10件」「訪問件数ダントツ1位」、②には「机で考えるより現場で考える」「1人で考えるよりお客様と一緒に考える」「個人プレーよりチーム力発揮」、③には「人と話すのが好き」「上司やお客様からお見合い話が20回以上」「同僚や友人の相談役」と、それぞれの3つのポイントを考え、あてはめていきます。

　ロジックツリーができたら「3つ」「3つ」で話をし、最後に「つまり、私はひと言でいうと、元気印の動く！　人間です」といってまとめると、インパクトが10倍増になります。

【演習3】新商品を店頭で販売する〜「ジャパネットたかた」の場合（図11参照）

液晶テレビ、オーディオセット、ブルーレイレコーダーをセット価格で販売すると仮定し、「新商品の販売」のロジックツリーを作ります。

最初のボックスに「新商品の販売」と入れ、それを構成する3つの要素として、①機能、②シーン、③コストパフォーマンス、を入れます。さらに説得力を持たせるために、①には「32型ハイビジョン液晶テレビ」「SRSサラウンド技術搭載のオーディオラック」「約110時間録画可能」、②には「スポーツを臨場感あふれる大画面で鑑賞」「映画館のような迫力のある音響で映画鑑賞」「デジタル映像を大容量で録画可能」、③には「3点セットの特別価格」「5万円で古いテレビを下取り」「金利負担なしの月払い」というように、3つのポイントを挙げていきます。

これらの要素を「3つ」「3つ」で販売トークに入れて、お得感を熱くアピールし、押しの一手に「今日だけの特別セット価格です。今日だけ安い、お買い得ですよ！」と付け加えれば、迷っている人もつい「買う！」と叫ぶことでしょう。

＊　＊　＊

できる人には、「3つ」で「考え、書き、話す」という技術が身についています。それは、物事を整理し、分析し、本質を見極める力を持っているからです。

どうか、この本を最後まで読んでくださったあなた、今から、なんでも「3つ」で「考え、書き、話す」ことを習慣にしてみませんか。

意識して「3つ」にまとめると、複雑なことをシンプルに整理できるから、本質もわかるようになります。すると、不思議なくらいに「考え、書き、話す」力が高まっていくのです。きっと、いや、確実にあなたは「考え、書き、話す」力が身についています。もう「3つ」の魔法がかかったのです。この魔法は、簡単には解けません。私もそのうちの1人ですから。

おわりに

日本が沈没しかけています。
政治家に能力と魅力がある人が少なすぎます。
信条が見えません。信念を感じません。想いが伝わりません。

日本の政治家に、まずはこの本を読んでいただき、「考え、書き、話す」力をつけてほしいと思います。

「3つ」「3つ」「3つ」にまとめた演説やスピーチをしてほしいと、心から思います。
自らの責務として、客観的なデータをもとに、日本の「ミッション・ビジョン・戦略」について、「3つ」にこだわって体系化してほしいと強く思います。

Yes, we can!
痛みに耐えてよくがんばった。感動した。おめでとう!

うまい、やすい、はやい！

「3つ」という「魔法」を信じて、1人でも多くの人が、「3つ」で「考え、書き、話す」という習慣がつけば、著者冥利に尽きます。

コンサルタントは難しい話を難しく語ると思われがちですが、優れたコンサルタントになればなるほど、親しみやすく、人間的でとてもわかりやすい話をすべく、相手軸を意識しているものです。

本著をきっかけに、コンサルタントのノウハウ・ドゥハウを、ビジネスパーソンの方々だけではなく、できるだけ多くの方々、学生さん、主婦の方々、商店主のみなさん、医療関係者の方々、学校の先生、企業の一般社員そして管理職の方々に知っていただきたいと思っています。そして、頭が固くて、勉強しない政治家のみなさんには、何としても実践してほしいと願っています。

本著を仕上げるにあたり、大変お世話になりました幻冬舎の四本恭子さん、そして佐久間真弓さんにはここで心から感謝させていただきます。

また、私以上に、広くビジネスパーソン、学生の方々に「考え、書き、話す」力を伝授してくれているHRインスティテュートのメンバーには、日ごろの感謝を込めて、「ありがとう、ありがとう、ありがとう」と「ありがとう!」を3回いわせていただきます。

どうか読者の方々が、「3つ」という「魔法」を信じて、明日から、「考え、書き、話す」ためのトレーニングを実践いただければ、望外の喜びです。

2009年4月　ベトナム・ダナンにて

株式会社HRインスティテュート　代表　野口吉昭

カバーデザイン／冨澤　崇（ＥＢｒａｎｃｈ）
カバー・本文イラスト／坂木浩子
図版・ＤＴＰ／小林祐司（ＴＹＰＥＦＡＣＥ）

野口吉昭（のぐち・よしあき）

横浜国立大学工学部大学院工学研究科修了。株式会社HRインスティテュート代表。中京大学総合政策学部・経済学部講師。NPO法人師範塾副理事長。主な著書に『遺伝子経営』（日本経済新聞社）、『経営コンサルタントハンドブック』『戦略シナリオのノウハウ・ドゥハウ』『コンサルタントの「質問力」』（以上PHP研究所）、『考える組織』（ダイヤモンド社）、『「夢とビジョン」を語る技術』『「ウェイ」のある強い経営』（以上かんき出版）、『人をあきらめない組織』（日本能率協会マネジメントセンター）、『コンサルタントの習慣術』（朝日新聞出版）など多数。

いつでも、だれでも、なんにでも使える！
考え・書き・話す「3つ」の魔法

2009年4月25日　第1刷発行
2009年5月10日　第3刷発行

著　者　野口吉昭
発行者　見城 徹
発行所　株式会社 幻冬舎
〒151-0051 東京都渋谷区千駄ヶ谷4-9-7
電話　03(5411)6211(編集)　03(5411)6222(営業)
振替　00120-8-767643
印刷・製本所　図書印刷株式会社

検印廃止

万一、落丁乱丁のある場合は送料小社負担でお取替致します。小社宛にお送り下さい。

ISBN978-4-344-01669-9 C0095
幻冬舎ホームページアドレス　http://www.gentosha.co.jp/
この本に関するご意見・ご感想をメールでお寄せいただく場合は、
comment@gentosha.co.jpまで。